知识生产的原创基地
BASE FOR ORIGINAL CREATIVE CONTENT

颉腾商业
JIE TENG BUSINESS

WINNING THE ROOM
CREATING AND DELIVERING AN EFFECTIVE
DATA-DRIVEN PRESENTATION

如何高效汇报

构思、写作与表达的技巧

[美] 比尔·弗兰克斯（Bill Franks）/ 著

马艳 / 译

中国广播影视出版社

图书在版编目（CIP）数据

如何高效汇报：构思、写作与表达的技巧 /（美）比尔·弗兰克斯 (Bill Franks) 著；马艳译. -- 北京：中国广播影视出版社，2025.1. -- ISBN 978-7-5043-9256-5

Ⅰ. B026-49

中国国家版本馆 CIP 数据核字第 2024VC9891 号

Title: Winning The Room: Creating and Delivering an Effective Data-Driven Presentation by Bill Franks and Kirk Borne
Copyright © 2021 by Bill Franks. All rights reserved.
This translation published under license. Authorized translation from the English language edition, published by John Wiley & Sons.
No part of this book may be reproduced in any form without the written permission of the original copyrights holder.

北京市版权局著作权合同登记号 图字：01-2024-5361 号

如何高效汇报：构思、写作与表达的技巧
[美] 比尔·弗兰克斯（Bill Franks） 著
马 艳 译

策　　划	颉腾文化
责任编辑	王丽丹　冯　岩　霍雅婷
责任校对	张　哲
出版发行	中国广播影视出版社
电　　话	010-86093580　010-86093583
社　　址	北京市西城区真武庙二条9号
邮　　编	100045
网　　址	www.crtp.com.cn
电子信箱	crtp8@sina.com
经　　销	全国各地新华书店
印　　刷	文畅阁印刷有限公司
开　　本	880毫米×1230毫米　24开
字　　数	280（千）字
印　　张	9.5
版　　次	2025年1月第1版　2025年1月第1次印刷
书　　号	ISBN 978-7-5043-9256-5
定　　价	69.00元

（版权所有 翻印必究·印装有误 负责调换）

Foreword 推荐序

如何进行有效的演示，与这个话题相关的文章比比皆是。这一点儿也不奇怪！有效的沟通，尤其是在向董事会成员、客户、大型会议观众以及其他利益相关者进行演示时，是取得商业成功以及职业发展的重要技能。只不过当下出现了新的、更为紧要的需求，那就是针对数据驱动的内容应当如何进行有效的沟通。如何呈现并传达原始数据、从数据中得出的结论以及推断出的行动建议，在当今信息爆炸的数字化时代，是领导力和专业能力的重要体现。

坦白说，比尔来请我写序时，我的第一反应是："哦，别了吧，又来一本'如何进行有效演示'的书！"但是，我很快就被这本书吸引住了，因为它的重点在于如何将数据信息面对面地展示、介绍并且用故事化的方式呈现给现场观众，而用有趣的例子诠释图表和统计数字，是我尤为热衷的方式。

比尔在书中介绍的各种技巧都相对应地提供了具体图示，很显然这些或好或坏的例子都是他的亲身经历。我也很喜欢比尔在建议每一种方法时都给出理由，解释为什么应该这样做，为读者提供了真正的学习体验，因此我常常有恍然大悟的感觉："噢，原来当初我这样想是错误的。"我的想法就这样轻松地发生了改变，这让我很开心。

数据素养[①]（Data literacy）如今是业界广为热议的一项软实力，还有数据故事化的技能，都是数据有效沟通的能力。沟通之所以重要，在于其成功与否要从两方面来考量：一方面是信息的传达者；另一方面是信息的接收者。如果一个具备数据素养的演示者只把事情讲清楚了，而没有良好的数据故事化能力，也不会向观众展现同理心，那只是合格的数据沟通；反

---

① 数据素养，其字面意思是读写数据的能力，业界一般译为数据素养，本书沿用了这一译法。——译者注

过来，如果演示者不能清晰地解释数字及由数字得出的观点，即使再会讲故事，也无法打动观众。前者过于关注数据，却忽略了观众；后者过于关注故事性，却忽略了数据本身。

因此，理想的数据沟通须在两个方面都表现出色，即演示者和观众必须实现同步。同步什么？双方对演示中三大问题的理解必须同步：做了什么？那又怎样？下一步该怎么办？换个角度是：我做了什么、我从数据中了解到了什么？为什么你应该重视这些？你现在应该采取哪些由数据驱动的行动？

为了更出色甚至完美地实现数据驱动演示和沟通，演示者在准备与演示数据相关的内容时都应该阅读、研究本书，有与数据相关课程的学校都应将本书作为教材。这本书中提供了众多精彩的技巧，包含了100多条数据驱动的建议，这些建议来自数据分析大师、商业顾问、讲故事专家的智慧，你会发现这是一本有序的操作指南，它详细介绍了进行数据沟通、数据演示、数据故事化以及设计演示内容时必须做什么、避免做什么、该如何做以及这样做的原因。

这本书的终极目标，从书名就能清楚地看到：高效汇报。凭借多年的经验和自身体会，比尔提供了大量很实用的建议，可以轻松实现本书的战术目标："有效进行数据驱动的演示。"有别于对演示中的错误行为进行直接批评的说教，本书采用的是更为积极的清单型风格，经过大量的客户实践，广受好评。相信你循序渐进地读完本书后，一定能实现作者的初衷，掌握高效汇报的方法和原因。

柯克·博尔内（Kirk Borne）
博士，DataPrime.ai 公司首席科学官

Preface 序言

假如你领导着一支高绩效团队，团队经过数月努力，完成了一项重大的调研项目，取得了一些数据驱动的成果。你们准备向公司高管汇报这些成果。你和整个团队都对即将进行的汇报演示欢欣鼓舞、满怀期待。大家花了大量时间整理好必要的事实和数据，这些事实和数据极为重要，你深信只要公司高管依据你们的发现采取相应行动，就一定会给公司带来巨大收益。你满怀信心地走到会议室台前，打开笔记本电脑，开始向在场的高管演示你们的数据驱动成果。

你首先向他们展示了该项目的里程碑进度表。为了准确地总结这些里程碑事件，你把屏幕上显示的各个日期及相应事件描述逐字念了一遍。在介绍这个项目的工作方法时，你对各阶段背后的技术细节做了说明，以便高管全面把握团队的工作范畴。你不想让演示时间显得过长，因此在每张幻灯片上罗列了尽可能多的要点，以使幻灯片总数达到最少。在你演示的过程中，高管不时地发问，显示出他们听不懂你所说的技术细节，于是你重新介绍了一遍这些细节。连这么简单的概念他们都不能理解，这让你感到有点儿着急。

在准备这次汇报的演示文稿时，你重复使用了此前向扩展项目团队解释项目成果时使用的技术性内容，当时的观众对这些内容并没有表现出理解上的困难。在演示开始时你注意到有些拼写和语法错误，但你发现根本没人留意。演示文稿中的所有数字都显示到小数点后三位，以显示团队在工作中的严格精准态度，不过观众中有人提出有几个数字不够准确。你承诺在会后分发演示文稿之前对数字进行更新。

演示最后，你总结了项目团队发现的重要事实以及支持这些事实的数据。高管开始提问，进一步了解项目内容及其结果产生的实际背景，以及应当如何正确利用这些信息，于是你承诺在会后分发演示文稿之前添加更多这些方面的信息。然后你询问台下观众,这些项目结果中他们最感兴趣的是什么,你吃惊地发现高管的反应并不热烈。为了向前推进,你硬着头皮对他们说,你们的首要建议是请高管再组织一次会议,讨论他们可以根据这些调查结果采取怎样的行动。最后你说,你和项目团队很期待高管将采取哪些可能的行动,以及他们决定最先采取什么行动。

团队历经数月的努力取得了重要成果,公司却未据此采取任何相应行动,项目就此被搁置。你收到的反馈是,高管发现演示文稿很难理解、缺乏重点,并且枯燥乏味。你和团队看到的机会,很显然他们没能看出来。更糟糕的是,在别人眼里,你和团队从此与一个失败的项目联系在了一起,这很令人难堪,年终奖也因此与你们无缘了!你感到很受挫,很快辞职,跳槽去了另一家公司,你以为这家公司的高管会更开明、更欣赏你的辛勤工作。

可是,很不幸,同样的情况在新公司以及之后的每一家公司不断重演,因为问题不在于听你汇报的高管,而是出在你自己身上。

上文中描述的汇报演示中存在着许多错误,你应该也注意到了。即使没有看出很多错误,也不要担心,本书正是要告诉你什么地方出了问题,以及应当采取怎样不同的做法。现场观众通常是非技术出身的人,面向他们进行有效的数据驱动演示与和同行讨论技术细节可不一样,必须用完全不同的方式组织和展示信息,目的是让这些不具备你的专业知识的受众做到以下几点:

- 明白你的调查发现。
- 理解其中的含义。
- 采取行动。

现场演示与编写书面文档也有很大不同。你必须具备清晰的目的性,并且要花些心思,才能设计出一份引人入胜的演示文稿,避开无数个可能削弱你的可信度、限制你的影响力的陷阱。

如果你想创建、发表有效的数据驱动演示,本书会告诉你怎么做!

Acknowledgements 致谢

本书得以成形，要归功于很多人的帮助。首先我要感谢所有客户和同事，多年来我为他们做过很多演示，也观看过他们的很多演示。如果没有发表以及观看如此多的演示，我便没有机会收获本书中介绍的那些经验和教训。

特别感谢我担任助教的肯尼索州立大学2020—2021年数据科学系7900班的学生。在课上我目睹了学生最初在各自课业的演示中种种吃力的表现，我意识到他们在演示技巧上有太多需要进一步提升的地方。他们的努力使我发现并强化了某些演示技巧的必要性。更为重要的是，看到学生从自身的错误中不断学习、飞速进步，我相信这样的参考书也将对读者产生及时的影响，这让我觉得写这本书非常有价值。

我还要感谢珍妮弗·普里斯特利（Jennifer Priestley）和谢里尔·海斯（Sherill Hayes）给予的支持和鼓励，他们的意见让我坚定了本书的撰写策略和方向。

最后，我要感谢审阅了本书初稿并给予反馈的人，他们给了我很多意见和建议，我因此做了许多修改和调整，改进了书的内容和结构。也要感谢弗雷泽·道格拉斯（Fraser Douglas）、我的父亲比尔·弗兰克斯（Bill Franks）、迈克·兰帕（Mike Lampa）、斯科特·朗费尔特（Scott Langfeldt），还有克里丝塔·赛克斯（Krista Sykes）。

内容介绍 —————————————————————————— About the Book

数据素养在当今的商业世界是个热门话题。对素养（literacy）一词，大多数人都是从读取和接收信息的角度来理解的，其实这个能力是双向的，还包括书写和传递信息。因此，如何将数据驱动的信息演示给观众，是数据素养的核心组成部分：不仅你的观众有责任做好理解和接收你所提供信息的准备，你自身也有责任以能被观众有效接收的方式呈现和解释你的信息，并且你还应当帮助观众明白，他们对你的信息采取了行动后会有什么收获。

本书主要介绍了演示者在向观众实时演示数据驱动的内容时常犯的一些错误，这些错误的负面影响在非技术出身的观众面前尤为凸显，会大大削弱演示的效果、降低演示者的可信度。用清晰易懂、简洁明了的有效方式演示你的内容可以令你脱颖而出，不过要掌握这项技能、做到始终如一，需要的是勤奋和大量的实践。

在本书中，数据驱动演示指的是包含总结性数据、数据分析结果、调查研究、实验的结果，以及其他类型的数据演示。另请注意：本书中介绍的演示，既包括为实时演示制作的幻灯片文稿，也包括演示者如何将幻灯片内容转化为引人入胜的故事的表达方式。而所谓的实时演示，既可以是直接面对现场观众，也可以是虚拟的线上演示，或者是两者结合。

尽管本书中介绍的许多技巧同样适用于各种内容的写作工作，但本书主旨在于制作实时的数据驱动演示。市面上关于数据驱动内容的书籍众多，涉及内容广泛，诸如如何进行数据分析、如何制作图表、如何用故事化方式呈现数据，以及各种演示技巧等。然而，本书是唯一一本集各方面内容于一体且只聚焦于如何实时演示数据驱动内容的操作指南。

本书介绍的演示技巧，均来自本人长达三十多年来面向非技术型观众演示数据驱动信息的经验。多年来，我本人为各公司以及在大型会议上发表过上千场演示，并且聆听过上千场别人的演示。本书中的每一项提示，要么是我本人曾经犯过的错误，要么是我目睹别人犯过的错误。有意思的是，一些错误看似过于明显，你会忍不住说："我可不会犯这种错，这本书怎么还会把这个列进来？"但事实上这些错误我见得太多了！我一直希望有人悉心指导过我，不必亲身经历一次次挫折。如今决心将这些经验和教训记录成书，希望能让诸位读者受益。

当下对这本书的需求十分迫切。各种数据信息及分析不断涌现，几乎各行各业的人士必须接触、处理各种数据，或演示数据，或接收和消化数据。例如，大学老师会教授学生如何生成和分析数据的理论知识，却没有花时间教他们如何有效地向他人展示这些信息。大多数成年人的继续教育及企业培训课程同样侧重于如何生成技术性成果，但不会教他们如何将这些成果有效地传达给观众。正因如此，人们只能在工作中边做边学如何演示数据驱动信息，坦率地说，大多数人在这方面的表现都不甚出色！如果你能很好地掌握演示数据驱动信息的技能，将大大提高你的工作效率、可信度，帮助你在职场上取得成功，以及增强你的商业影响力。

这是一本操作指南，你可以放在案头，在进行演示的准备工作时随时拿来参考使用。就像运动员在整个运动生涯中都必须持续不断地练习基本功一样，你也需要不断复习如何有效地创建、演示数据驱动信息的技能，并且持续地将这些基本技能付诸实践。

目标读者 ——————————————————————Intended Audience

尽管本书中使用了许多来自分析和数据科学领域的例子（这是我的背景），但只要你向观众介绍的结果包括技术信息和数据，那么相关的理念对所有人都适用。商业人士、工程师、化学家、教授、医生、社会学家、学生、研究人员以及其他创建和发表数据驱动演示的人都将从本书中受益，因为这些技巧可以被广泛应用。

对经验丰富的演示者来说，这本书是一本很棒的复习工具。肯定会有一些技巧即使是经验老到的演示者也不知道，或者经常忘记练习的。

对那些不熟悉数据驱动信息的人来说，这本书是一本宝贵的指南，它将帮助你无须亲身经历失败就能获得经验和教训。

在学术界，教授可以将这本书用作学生进行课业演示或为应用研究项目进行汇报时的辅导材料。

在团队中，如果你能对队友说"这本书上说的是这样做"而不是"我认为你不应该那样做"，那么向队友提供反馈便不会那么为难，也不会让对方难堪。

阅读本书，并把它当成一本参考书，相信不同经历、不同职位的读者都能大大提高自己数据驱动演示的胜算。

Overview of the Contents　　　　　　　　　　　　　　内容摘要

本书共包含 119 条具体的技巧提示，内附将近 150 幅插图，分成演示的前期规划、设计和制作到最终发表三大部分。每一条提示的介绍都简要、直接，大多附有示例，每一条提示都便于读者在数分钟内读完、吸收。尽管有几条提示在基础理念上相互关联，但每一条提示都可独自成文，读者可分别进行阅读、应用。正因为各条提示独自成文，因而本书无须按顺序依次阅读，读者可以按需选择章节，随时随意阅读。

掌握这些技巧，有助于你更好地完成演示文稿的设计和制作、更出色地发表演示，用易于接收、理解和受欢迎的方式向观众提供信息。提升制作演示内容及发表演示这两方面的技能，可提高你的数据素养水平，同时增强你的个人影响力。以下是各章的内容摘要。

第 1 章　规划篇：回顾策略性基本理念

无论观众是谁、主题是什么，任何成功的实时数据驱动演示都具备几个核心战略原则。本章介绍了设计和制作演示内容、发表演示时应该应用和遵循的基本准则，毕竟，本书后面章节中讨论的诸多细节方面的内容做得再好，也无法弥补基本方法和策略上的不足。

第 2 章　规划篇：设计演示文稿

在创建任何幻灯片之前，必须花点时间做演示文稿的设计工作。你很有必要预先明确要讲个什么样的故事、按什么顺序推出你的信息、触及多大难度与深度、希望观众记住什么内容，以及希望观众采取怎样的行动。拍电影时，导演不会一上来就开始拍摄各个场景，期望全部拍完后直接把各个场景串起来就能制作成一部好电影；相反，在开拍之前，他们会极其详尽地设计好整个故事线以及每一个场景。创建和发表有效的数据驱动演示，也必须遵循这一模式。

第 3 章　制作篇：措辞和文本

幻灯片上的文本内容及其措辞，对观众能否理解你的文稿起到至关重要的作用。观众通常都非技术出身，你应当使用他们能够理解的词句和表达方式，清楚、简洁地陈述你的要点。最直接的做法是从目标观众的视角读一遍你制作的内容，如果你所在组织中最不熟悉这个话题的人都能看懂演示文稿的要点，那么无疑你就做对了。

第 4 章　制作篇：数字与标签

在数据驱动演示中，数字是最重要的核心内容，所以必须让观众能轻松地解读这些数字。本章主要介绍如何让你展示的数字传达出想要传达的信息，同时尽可能让观众轻松地消化吸收和理解这些信息。数字该如何标注、用什么格式呈现，在很大程度上影响了演示文稿的整体外观以及观众的理解程度。

第 5 章　制作篇：图表和版式

在数据驱动的演示文稿中加入的图表，以及它们在幻灯片中的排版方式，会在很大程度上影响观众对演示的理解。因此，仔细考虑使用什么样的视觉效果、采用什么样的格式呈现以及在幻灯片上如何排列，会很有帮助。直接把原始数据丢入演示文稿中是不行的，你必须制成图表或使用图片，才能有效地传达你想要表达的信息。本章主要介绍如何让你的演示文稿看起来漂亮，同时帮你成功地向观众传递你的核心信息。

第 6 章　发表篇：演示的最后准备

完成演示内容的制作后，必须准备发表演示并开始练习。知道自己要说什么，预测观众会问什么问题，并确保自己语言表达流畅，这些对成功演示至关重要。最后这一步准备工作，是你确保信息准确无误、观众能跟得上你的幻灯片思路，以及你成功传递自己想表达的观点的最后一次机会。在最后的准备阶段，你总会发现有些地方需要微调，也总有一些表达可以更清晰、更简洁。

第 7 章：发表篇：正式演示

到了那个重要的时刻，你走到会议室台前，要想让演示取得成功，此时仍有一系列事情需要注意。本章介绍了发表数据驱动演示时要运用的各种技巧以及要遵循的一些重要原则。如果你能赢得观众的信任和信心，他们便更能认同你的结论，听取你的建议采取行动，这将是对你为此次演示付出努力的巨大回报！

目录 ———————————————————————————— Contents

第 1 章 / 规划篇：回顾策略性基本理念 / ············· 001
    提示 1：项目成果并非其成功的最大决定因素 ············· 002
    提示 2：数据素养是一种双向的能力 ············· 004
    提示 3：不要全部写出来，留到现场讲出来 ············· 005
    提示 4：不要光讲事实、念数字，要讲故事 ············· 008
    提示 5：了解你的观众 ············· 010
    提示 6：幻灯片必须简洁明了、视觉化、直截了当 ············· 012
    提示 7：像讲笑话一样使用图表 ············· 014
    提示 8：简短的演示更难准备 ············· 015
    提示 9：给高管的演示可能根本没有幻灯片 ············· 016
    提示 10：预留适当的时间 ············· 018
    提示 11：追求真实，做你自己 ············· 019
    提示 12：观众认可的是什么？是你这个演示者 ············· 020

第 2 章 / 规划篇：设计演示文稿 / ············· 021
    提示 13：场合不同，方法不同 ············· 022
    提示 14：试着用不同的方式组织你的故事 ············· 024

提示 15：技术细节过多，会削弱你的影响力 ⋯⋯⋯⋯⋯⋯⋯⋯⋯⋯⋯⋯⋯⋯026

提示 16：非必要，不细节 ⋯⋯⋯⋯⋯⋯⋯⋯⋯⋯⋯⋯⋯⋯⋯⋯⋯⋯⋯⋯⋯028

提示 17：演示重点要放在如何使用成果上 ⋯⋯⋯⋯⋯⋯⋯⋯⋯⋯⋯⋯⋯⋯⋯030

提示 18：打比方会有更好的效果 ⋯⋯⋯⋯⋯⋯⋯⋯⋯⋯⋯⋯⋯⋯⋯⋯⋯⋯031

提示 19：充分利用附录 ⋯⋯⋯⋯⋯⋯⋯⋯⋯⋯⋯⋯⋯⋯⋯⋯⋯⋯⋯⋯⋯032

提示 20：另外创建一份独立文件 ⋯⋯⋯⋯⋯⋯⋯⋯⋯⋯⋯⋯⋯⋯⋯⋯⋯⋯033

提示 21：创建"启动"幻灯片 ⋯⋯⋯⋯⋯⋯⋯⋯⋯⋯⋯⋯⋯⋯⋯⋯⋯⋯⋯036

提示 22：对内容进行细分 ⋯⋯⋯⋯⋯⋯⋯⋯⋯⋯⋯⋯⋯⋯⋯⋯⋯⋯⋯⋯038

提示 23：善用动画功能 ⋯⋯⋯⋯⋯⋯⋯⋯⋯⋯⋯⋯⋯⋯⋯⋯⋯⋯⋯⋯⋯040

提示 24：动作设置是个秘密武器 ⋯⋯⋯⋯⋯⋯⋯⋯⋯⋯⋯⋯⋯⋯⋯⋯⋯⋯042

提示 25：精简数字，越少越好 ⋯⋯⋯⋯⋯⋯⋯⋯⋯⋯⋯⋯⋯⋯⋯⋯⋯⋯⋯044

提示 26：区分技术价值和业务影响 ⋯⋯⋯⋯⋯⋯⋯⋯⋯⋯⋯⋯⋯⋯⋯⋯⋯046

提示 27：向观众简要介绍演示的大概内容 ⋯⋯⋯⋯⋯⋯⋯⋯⋯⋯⋯⋯⋯⋯⋯047

提示 28：先推出你的最终建议 ⋯⋯⋯⋯⋯⋯⋯⋯⋯⋯⋯⋯⋯⋯⋯⋯⋯⋯⋯048

提示 29：重点不要放在"做了什么"上 ⋯⋯⋯⋯⋯⋯⋯⋯⋯⋯⋯⋯⋯⋯⋯⋯050

第 3 章 / 制作篇：措辞和文本 / ⋯⋯⋯⋯⋯⋯⋯⋯⋯⋯⋯⋯⋯⋯⋯⋯⋯052

提示 30：精简幻灯片上的字数 ⋯⋯⋯⋯⋯⋯⋯⋯⋯⋯⋯⋯⋯⋯⋯⋯⋯⋯⋯053

提示 31：使用简单的术语和释义 ⋯⋯⋯⋯⋯⋯⋯⋯⋯⋯⋯⋯⋯⋯⋯⋯⋯⋯055

提示 32：请勿使用专业术语 ⋯⋯⋯⋯⋯⋯⋯⋯⋯⋯⋯⋯⋯⋯⋯⋯⋯⋯⋯⋯056

提示 33：解释清楚特定术语的含义 ⋯⋯⋯⋯⋯⋯⋯⋯⋯⋯⋯⋯⋯⋯⋯⋯⋯057

提示 34：同时使用数据的通识标签和系统标签 ⋯⋯⋯⋯⋯⋯⋯⋯⋯⋯⋯⋯059

提示 35：措辞要前后一致·················060
提示 36：如果观众看不清，就不如不展示·················062
提示 37：缩短文本，而不是缩小字体·················064
提示 38：间距要适当·················065
提示 39：全篇使用相同的字体·················066
提示 40：小心字体缺失·················068
提示 41：议程上列出的每一项议题都要讲到·················070
提示 42：每讲完一项议题就告知观众·················071
提示 43：不要过度依赖拼写检查功能·················073
提示 44：图表或图形中的拼写错误一大堆·················075
提示 45：留心拼写正确的单词用错了地方·················076
提示 46：文本应当保持横向·················077

第 4 章 / 制作篇：数字与标签 /·················079

提示 47：数字的精确度要保持统一·················080
提示 48：只选用必要的精确度来表达观点·················082
提示 49：精确度与准确度要匹配·················084
提示 50：一定要设置数字的格式·················086
提示 51：始终用百分数表示百分比·················088
提示 52：数目和百分比都列出来·················090
提示 53：切勿使用科学记数法·················092
提示 54：数据类别要用名称表示，不要用数字·················094

提示 55：当心标签被截断 096
提示 56：缩略词要解释说明 098
提示 57：创建幻灯片专门解释特殊词语 099
提示 58：标注清楚累计数据的性质 100
提示 59：重点要放在有利害关系的结论上 102
提示 60：检查数字是否都合乎情理 104
提示 61：每张图表上都要有刻度 105
提示 62：图表要统一使用刻度 106
提示 63：坐标轴刻度起点通常设为 0 108
提示 64：给幻灯片编号 110

第 5 章 / 制作篇：图表和版式 / 111

提示 65：不同类型的图表混搭 112
提示 66：不同格式的幻灯片混搭 114
提示 67：不要直接展示原始输出 116
提示 68：简约为美 119
提示 69：选用易于解读的图表 120
提示 70：不要使用难懂的图形 122
提示 71：使用复杂的图形要讲究策略 123
提示 72：配色要协调 125
提示 73：选用的颜色要与语境相匹配 127
提示 74：避免使用技术类图表和系统架构图 129

提示 75：不要让装饰图形喧宾夺主⋯⋯⋯⋯⋯⋯⋯⋯⋯⋯⋯⋯⋯⋯⋯⋯⋯⋯⋯130
提示 76：表格的格式要保持统一⋯⋯⋯⋯⋯⋯⋯⋯⋯⋯⋯⋯⋯⋯⋯⋯⋯⋯⋯⋯132
提示 77：添加填充色，使表格看起来更清楚⋯⋯⋯⋯⋯⋯⋯⋯⋯⋯⋯⋯⋯⋯134
提示 78：不要给图表加边框⋯⋯⋯⋯⋯⋯⋯⋯⋯⋯⋯⋯⋯⋯⋯⋯⋯⋯⋯⋯⋯⋯136
提示 79：数据分类不宜过多⋯⋯⋯⋯⋯⋯⋯⋯⋯⋯⋯⋯⋯⋯⋯⋯⋯⋯⋯⋯⋯⋯138
提示 80：加上数值标签⋯⋯⋯⋯⋯⋯⋯⋯⋯⋯⋯⋯⋯⋯⋯⋯⋯⋯⋯⋯⋯⋯⋯⋯140
提示 81：避免使用堆积柱形图⋯⋯⋯⋯⋯⋯⋯⋯⋯⋯⋯⋯⋯⋯⋯⋯⋯⋯⋯⋯142
提示 82：因在横轴，果在纵轴⋯⋯⋯⋯⋯⋯⋯⋯⋯⋯⋯⋯⋯⋯⋯⋯⋯⋯⋯⋯144

第 6 章 / 发表篇：演示的最后准备 / ⋯⋯⋯⋯⋯⋯⋯⋯⋯⋯⋯⋯⋯⋯146

提示 83：一定要练习演示⋯⋯⋯⋯⋯⋯⋯⋯⋯⋯⋯⋯⋯⋯⋯⋯⋯⋯⋯⋯⋯⋯147
提示 84：向好友求助⋯⋯⋯⋯⋯⋯⋯⋯⋯⋯⋯⋯⋯⋯⋯⋯⋯⋯⋯⋯⋯⋯⋯⋯149
提示 85：演示的准备也不能过度⋯⋯⋯⋯⋯⋯⋯⋯⋯⋯⋯⋯⋯⋯⋯⋯⋯⋯⋯150
提示 86：根据观众类型调整你的故事⋯⋯⋯⋯⋯⋯⋯⋯⋯⋯⋯⋯⋯⋯⋯⋯⋯151
提示 87：关注时长，而不是幻灯片页数⋯⋯⋯⋯⋯⋯⋯⋯⋯⋯⋯⋯⋯⋯⋯⋯153
提示 88：始终做好压缩演示的准备⋯⋯⋯⋯⋯⋯⋯⋯⋯⋯⋯⋯⋯⋯⋯⋯⋯⋯155
提示 89：观众不会知道哪些内容你没讲⋯⋯⋯⋯⋯⋯⋯⋯⋯⋯⋯⋯⋯⋯⋯⋯158
提示 90：适当缩放数据的尺度，使其更具相关性⋯⋯⋯⋯⋯⋯⋯⋯⋯⋯⋯159
提示 91：表述清楚你所谈内容的意义所在⋯⋯⋯⋯⋯⋯⋯⋯⋯⋯⋯⋯⋯⋯⋯161
提示 92：如存在伦理问题，要主动声明⋯⋯⋯⋯⋯⋯⋯⋯⋯⋯⋯⋯⋯⋯⋯⋯162
提示 93：使用简化的图示⋯⋯⋯⋯⋯⋯⋯⋯⋯⋯⋯⋯⋯⋯⋯⋯⋯⋯⋯⋯⋯⋯164
提示 94：低价值的信息无须展示⋯⋯⋯⋯⋯⋯⋯⋯⋯⋯⋯⋯⋯⋯⋯⋯⋯⋯⋯166

提示 95：重要的数字要突出显示·················168
提示 96：重要的文本也要突出显示·················170
提示 97：安排人员做现场后援·····················172
提示 98：始终准备多个备份方案···················173
提示 99：使用幻灯片点击器·······················174
提示 100：不要提前发送演示文稿··················175

第 7 章 / 发表篇：正式演示 / ···················177

提示 101：永远不要逐字念出幻灯片的内容··········178
提示 102：观察现场气氛并适时做调整··············180
提示 103：不要盯着屏幕看························182
提示 104：用实物指向重要信息····················183
提示 105：不要被刺眼的灯光吓倒··················184
提示 106：不要一直站着不动······················185
提示 107：线上演示时要直视摄像头················186
提示 108：预见出人意料、不相干的问题············188
提示 109：礼貌地对待难缠的观众··················189
提示 110：不要当众纠正他人······················190
提示 111：不要不懂装懂··························192
提示 112：要强调正面的信息······················193
提示 113：代价和好处都要实话实说················195
提示 114：不要过多谈论限制条件··················197

提示115：明确指出你正讨论哪个指标·················199

提示116：不要询问观众觉得你的哪些发现重要·················200

提示117：把事实与其影响直接挂钩·················201

提示118：要提供具体行动建议·················203

提示119：准备一个宏大的结尾，代入更广泛的应用场景·················205

后　记·················207

第 1 章

规划篇：回顾策略性基本理念

无论观众是谁、主题是什么，任何成功的实时数据驱动演示都具备几个核心战略原则。本章主要介绍在设计和制作演示内容、发表演示时应该应用和遵循的基本准则，其中包括：

- 明白你的演示很重要，至少和背后的工作一样重要。
- 了解你的观众。
- 清楚自己有责任让观众理解你的演示内容。
- 知道有必要讲故事，而不仅仅是陈述事实。
- 自然、诚恳，赢得观众的信任和信心。

本章介绍的一些小提示将有助于演示文稿的创建以及此后实际的演示过程。说到底，本书后面章节中讨论的诸多细节方面的内容做得再好，也无法弥补基本方法和策略上的不足。

提示1：项目成果并非其成功的最大决定因素

决定某个既定项目在商业环境中成败的最重要因素并非项目成果的质量优劣。在理想世界中可能项目成果最重要，但在现实世界中并非如此。我们以数据分析为例，谈谈为什么你的演示起到重要作用，至少与项目成果一样重要。

首先我们要说明一下，分析结果的准确性当然至关重要，每个专业人员在创建各种类型的分析结果时都必须确保每次结果都有效、准确。不过，从项目出资方的视角来看，一个项目的成功，结果本身至多占其判断标准的50%。

一个项目的成功至少有50%取决于如何将项目成果整理成演示文稿、如何进行演示以及观众如何看待这些结果。演示者向观众解释项目成果时，必须采用让观众觉得有意义的方式，让他们相信这些成果具备足够的价值，因而愿意依此采取行动。项目的成功不仅需要努力求取正确的结果，还需要投入时间和精力向这个项目的出资方——他们往往都是非技术型专业出身——正确地解释、合适地定位以及有效地演示项目的成果。

非技术型的利益相关方不会关心你付出了几周的艰辛工作以及过程中的艰辛细节，他们只关心成果对自己以及公司业务有什么意义。如果你不能将成果有效地传达给利益相关方，可能就不存在什么成果了。换句话说，产出重大成果是项目成功的必要条件，却不是充分条件。

话说，大众广告的影响力很难量化，为什么却能占据巨大的营销支出份额？部分原因在于广告公司善于利用出色的故事表达能力令它们所做的广告对赞助商产生吸引力。广告公司在向客户推销其作品时，能够充分理解并积极利用现场演示、激发情感共鸣带来的强大力量。试想，一项具备极高可衡量性的行动，若能既有严谨翔实的分析，又配上广告项目竞标时灌输给赞助商的热情能量，那样的数据分析该多么成功！

许多时候，让观众理解复杂的分析比分析本身难度更大，它需要投入心力，需要经过反复修改以及刻意的练习，才能培养起将一组冗长而复杂的结果提取为易于消化的片段的能力。有时候，你甚至可能会觉得过于淡化了实质性内容，把重点都放在了"华而不实"的幻灯片上，而不是"有血有肉"的算法上。尽管有必要提供调查结果背后的细节，但是若非必须，在演示时不应直接公布细节（见提示15和提示16），因为非技术型观众会看发蒙，会走神。如果你的演示技术性太强，他们不会对你展示的结果感兴趣，便不会就此采取什么行动。

你的任务就是以一种让出资方参与和感兴趣的方式展示结果。不要再做那么多分析了，好好练习如何成功展示你的工作成果。一定不要忘记，产出重大成果是项目成功的必要条件，不是充分条件！

> 注：本篇出自本书作者的著作《驾驭大数据》。

提示 2：数据素养是一种双向的能力

如前言中所述，在我撰写本书时，数据素养是业界的一个热门话题。根据定义，素养一词是指"识字的素质或状态，尤其是读和写的能力"。这里我强调了"和"这个字，是为了突出"识字"能力在理解上常见的差异。具体而言，大多数人倾向于将识字能力视为有效地阅读和接收信息的能力，却常常忽视识字是一种双向的能力，它还包括有效地书写和传递信息的能力。

要想成功完成数据驱动演示、有效传达你想要传达的信息及其含义，明白识字是一种双向的能力这一点至关重要。如果观众听不懂你在讲什么，不要想当然地认为这是他们的问题，也有可能是你自己未能很好地传达信息。数据素养的形成在于，一方面你必须能够恰当地写出、说出、传达出信息，另一方面观众能够准确地看到、听到、接收到信息。

出版单位的一项主要工作便是聘用编辑人员，由他们确保作者写的书语法合乎规范、内容有可读性。出版单位关注的便是"识字"能力中写的一面。正因为有了编辑这一步骤，我们才很少看到文笔太差的正式出版物。不过你可能会碰到另一种情况：有人发布了一篇博客文章，其中不乏很好的想法，却因为写得太差，读者无法领会作者的意思。

在你设计和制作演示文稿、准备发表演示时，需要认真对待"识字"能力：在撰写内容时，要从交流对象的视角出发（见提示 5）；使用专业术语或缩写时要做出解释（见提示 33）；一定要请他人像出版单位的编辑那样检查你的演示文稿，并提出反馈意见（见提示 84）。

要牢记一点：不仅你的观众有责任理解、接收你的演示信息，你自己也有责任用观众能够有效接收的方式呈现和解释你的内容！要想演示成功，就要利用好"识字"的双向能力。

> 注：本篇出自本书作者的博客文章《不知道如何获得数据素养？这是个好办法！》（国际分析研究所，2020 年 12 月）。

提示 3：不要全部写出来，留到现场讲出来

在展示技术成果时，你有机会为观众讲一个引人入胜的故事，让他们掌握关键事实和重要数据，引导、激励他们采取行动。你准备的幻灯片作为一份视觉材料，应当只是用来支持你的核心观点。在演示过程中，所有的目光和注意力都应该集中在你和你的故事上——我们将在提示 4 中具体解释这里所说的"故事"指的是什么。至于那些细节内容，大家有足够的时间详细阅读，完全不需要占用你演示的时间。

在制作数据驱动的演示文稿时，许多技术出身的演示者往往会犯一个重大错误，那就是他们无法区分一份详细的书面报告与一份引人入胜的、故事化的、视觉化的、用于实时演示的文稿之间有什么不同。书面报告通常应该包含翔实的、用以佐证所提出观点的支持性数据，还可以包含需要读者花一些时间和精力才能消化、吸收的信息。而现场演示，内容则越简单、直接越好。我们也常见到有人把一份很详尽的书面报告直接拿来做实时演示，这种方法的缺点在于，现场观众在你讲话时会去看幻灯片上的所有内容，至于你正在讲什么、你描述的数据背景，他们自然就听不进去了。

与图 3a 类似的幻灯片，你以前应该也看到过。事实上比这更糟糕的，我还见过不少！密密麻麻的文字，很难看清；即使作为讲义分发给观众，看着也不漂亮，而在演示时投影到屏幕上，看起来很不专业，必然降低你的可信度。再加上许多演示者还会或多或少地把幻灯片上的内容念出来，错上加错——这一点可参见提示 101，那就更糟了，观众定会感到厌烦。

图 3a 中展示的细节，如果是通过电子邮件发送给别人，让他们在没有口头解释的情况下自己阅读，是可行的，毕竟除了要点，人们最终也需要了解相关细节及其背景。（不过，图 3a 所采用的格式，无论是何目的，都很不可取！）然而，这样的幻灯片用于实时演示必

定失败，即使你顺利讲完了内容，观众也听不进去你的故事，因为幻灯片已经占据了大家的注意力，他们要么一直埋头看你的幻灯片、根本没听你讲，要么已经走了神。

你需要花点精力，把内容冗长的文档放在一边，创建一个简短的、以视觉化为主的版本用来实时演示，演示文稿应当只提供恰如其分的信息，用以突出你要抛出来讨论的主要内容。

我们的研究有很多成果需要向大家汇报，在此我全部罗列如下！

- 下面是我们取得的主要研究发现的概要。我知道您可能看不清楚，但是需要在此列出，展示我们这几个月的工作成果！

- 我在讲的时候请不要阅读，请注意听我来介绍主要内容，好吗？

行动1：通报领导层	行动2：制订一项计划	行动3：确定一致目标	行动4：制定追踪报告
这里我要介绍我们的建议，必须提供更多详细信息，当然我会缩小字体，这样所有内容都能放得下。如果您看不清屏幕上的字，没关系，您可以会后再仔细阅读。现在请不要专注于文字，听我讲。	您是不是已经开始读第三步的内容了？您为什么要这样？请您注意听我讲哦。我知道我主要是在念这里的内容，但还是请您听我讲。我把内容写在这里，并不是都让您自己看的！	我知道您今天的目的是想听一场演讲，而不是阅读课。确实有点傻，我不如直接把材料发给您，我现在不过是重复一遍而已。不过，演示就应该这样做对吧？	您好像有点儿走神了，是不是我讲得不好？您觉得这些内容没意思吗？我这里还有很多信息，您可以花点时间仔细看看，发掘出要点来。我保证我要讲的内容真的特别重要！

图3a　幻灯片上文字太多

图 3b 中的幻灯片只有几个最突出的要点,演示时可以使用动画来呈现(见提示 23),每次只显示其中一点,观众快速看到要点,注意力又立刻回到你身上。在演示过程中,你可以根据需要添加任意多的评论,但是一定要口头陈述,而不是直接把内容写在幻灯片上,再口头说一遍。

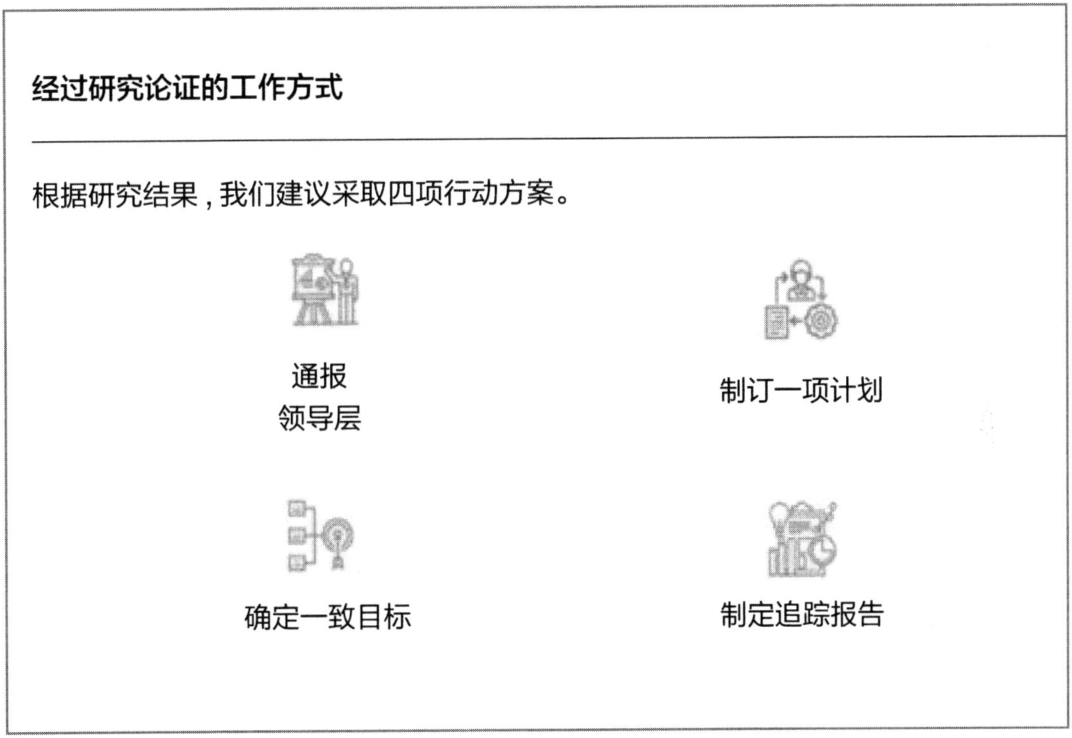

经过研究论证的工作方式

根据研究结果,我们建议采取四项行动方案。

通报
领导层

制订一项计划

确定一致目标

制定追踪报告

图 3b　更简洁的方式

提示 4：不要光讲事实、念数字，要讲故事

我们会在书中谈论很多次要让观众的注意力集中在你的故事上。那么到底什么是故事？故事是事实与数字以外的东西，事实和数字是你的故事的主要角色和主要内容。直接陈述事实、罗列数字不是成功的演示，你还需要解释这些事实和数字之间的相互关系，以及它们对你试图解决的问题具有什么意义和作用。最重要的是，你需要让观众理解，为什么你的研究结果对他们每个人都很重要，他们应该根据这些结果采取什么行动。

上面最后一点就是你要讲的故事。事实和数字本身可能会让技术人员感兴趣，但是对非技术型观众而言，单纯地陈述事实和罗列数字起不了作用。你需要让这些枯燥的事实和数字变得生动、有趣起来，吸引观众的注意。关于如何讲故事的书籍有很多，我们无法在此完整地阐述这个话题。在这里只介绍故事设计的几个关键要点。

要想讲故事，你必须有故事可讲。第一步是要决定故事内容。这要求你搞清楚，你的研究发现对观众有什么重要影响，你的信息该如何呈现才能让观众产生共鸣，如何帮助观众明白他们需要采取何种行动才能达成自己的目标。

从列出你掌握的关键事实和研究发现开始，厘清它们之间如何相互关联，以及它们对应着什么行动；然后，明确你希望观众记住哪些关键要点，以及你希望他们采取什么行动；最后，设计一个前后连贯的便于口头叙述的故事线，令你要介绍的信息易于让观众接受、易于吸引他们的注意力。要强调你的研究除了影响在场人员，还能影响更广泛的人群，因而可以创造更广泛的价值。比如，如果你在介绍如何提高供应链的效率，不要只谈如何直接压缩供应链组织的成本——这一点当然要谈，还可讨论如何令与你合作的小型企业减少产品破损率，以及如何减少库存不足的问题。

你还应当展望，实施了你所建议的行动方案后会出现什么局面。用这样的语句来描绘未

来场景："试想如果我们能做到……"或"一想到我们可能很快就能……就令人兴奋"。注意可别用卖二手车的销售员那种浮夸的语调,重点是要让观众看到你的成果可以支持更为远大的愿景,而不是仅关心你今天的几个具体建议。

无论你从事什么行业,不要成为那种典型的只陈述事实、罗列数字的技术型演示者,最终因为观众无动于衷而感到惊讶。如果没有一些趣闻逸事,缺少幽默,无法让观众理解更大的愿景,观众只听到你背诵各种数据,定然倍感无聊。非技术型观众真正想要的,也是你必须传达的,是一个他们乐于向外传播并满怀热情地采取相应行动的故事!

提示 5：了解你的观众

做好充分的演示准备、降低失分概率的最佳方法之一是研究你的观众。在开始整理演示文稿、设计故事内容之前，你应该先做研究，因为你对观众的了解会在很大程度上决定应该采取什么样的演示方式、讲什么内容最为恰当。如果演示文稿已完成，差不多到了演示的时候，再根据观众特征做必要的调整，可能就很仓促了。

那么你应该了解观众的哪些方面呢？当然要尽你所能，了解得越多越好。举例来说，你应该收集以下这些主要信息：

- 你的演示内容可以帮助观众达成哪些目标？

  在商业环境中，若你的项目能帮助人们赚更多钱，那么没有比这样的内容更受欢迎的了！

- 你的观众需要什么样的信息或支持？

  如果观众迫切需要更多信息以解决某个重要难题，而你可以提供，那么你将成为他们的好伙伴。

- 你的观众有哪些重要的优先事项与你的项目相关？

  如果削减成本是观众最优先考虑的事项，那么你介绍你的研究发现的方式，可能与面对优先考虑增加营收或提高客户参与度的观众不同。

- 你的观众互动积极性如何？

  一些组织的观众非常安静，听得多、说得少。也有些组织的人比较活跃，会很快、很频繁地参与对话。这些会影响你演示时的时间把控和节奏。提前做好准备为好。

- 你的观众倾向于接受还是反对你的成果？

  与会者看待你提出的内容和观点的方式、与会者的目标和优先事项各有不同，甚至可能出于政治因素的考虑，他们来观摩你的演示时抱着完全不同的心态。

收集这些情报的最佳手段，是事先从观众队伍中找到一位支持者，请他帮助你获得上述问题的答案。在我从事了多年的咨询生涯中，我们总是从客户团队中找到支持我们的"导师"，帮助我们了解对方组织内部的情况（更多信息见提示 84）。当然，如果你与你的观众共过事，便应该已经清楚他们的性格特点以及组织的内部关系了。

我们都希望所有事情都对自己有利，却总是事与愿违。有时你必须介绍的一些研究发现，根本无助于与会者达成他们的目标，也无助于解决他们的首要任务……这种形势令他们从一开始就会对你产生抵触情绪，你会面对一群很难对付的观众！在这种情况下，你也要好好计划并出色地完成演示，赢得观众对你的尊重和信任，即使你的建议没有得到执行，也不要让它影响你的情绪和信心。有时候，即使明知会输，也要竭尽全力参加比赛。专业地完成一场没有胜算的演示，也能赢得大多数观众的尊重。

因此，你的首要目标是了解观众的需求和立场，然后利用好这些情报，最大限度地发挥你演示的影响力。虽然不会每次都赢，但如果充分了解观众，每次你也定能有所斩获。

提示 6：幻灯片必须简洁明了、视觉化、直截了当

令数据驱动演示效果更佳的一个首要方法，是让每张幻灯片都简洁明了、视觉化、直截了当。一定要强迫自己把每张幻灯片的内容精简成你最想传达的精华。这做起来很难，需要不断地练习，但效果是明显的……尤其是面对非技术型观众时。而多使用视觉化幻灯片，观众更能将注意力集中于你讲的故事，这样更利于他们理解你的要点，你的演示也更容易取得成功。

同样重要的是，如果观众认为你的讲解更容易理解，你似乎更能理解他们，他们便会视你为更愿意与之互动的少数技术咖之一。非技术型观众前来参加技术人员的演示时，无论是否公平，他们往往会带着成见，认为自己肯定会听到一大堆无聊的、晦涩难懂的专业术语。

在提示 3 中，我们讨论了故事要讲出来，不要写出来。你当然希望人们能专注于你说的话……屏幕上的内容会分散他们的注意力。显示在屏幕上的内容越多，观众就越会把注意力集中在屏幕上。如果观众忙着阅读、理解屏幕上的内容，他们自然顾不上听你说什么。

你可能觉得，如果幻灯片上的内容不够完整，没有提供观众需要了解的所有信息，不能体现你的专业性。这个想法没有错，但这是有意的，而且是恰当的！你出现在现场的目的，正是用口头说明的方式提供其他内容以及相关背景，幻灯片的作用只是帮助引导这场讨论的节奏。让幻灯片保持简明扼要的一个办法，是直接像图 6 所示这样展示。

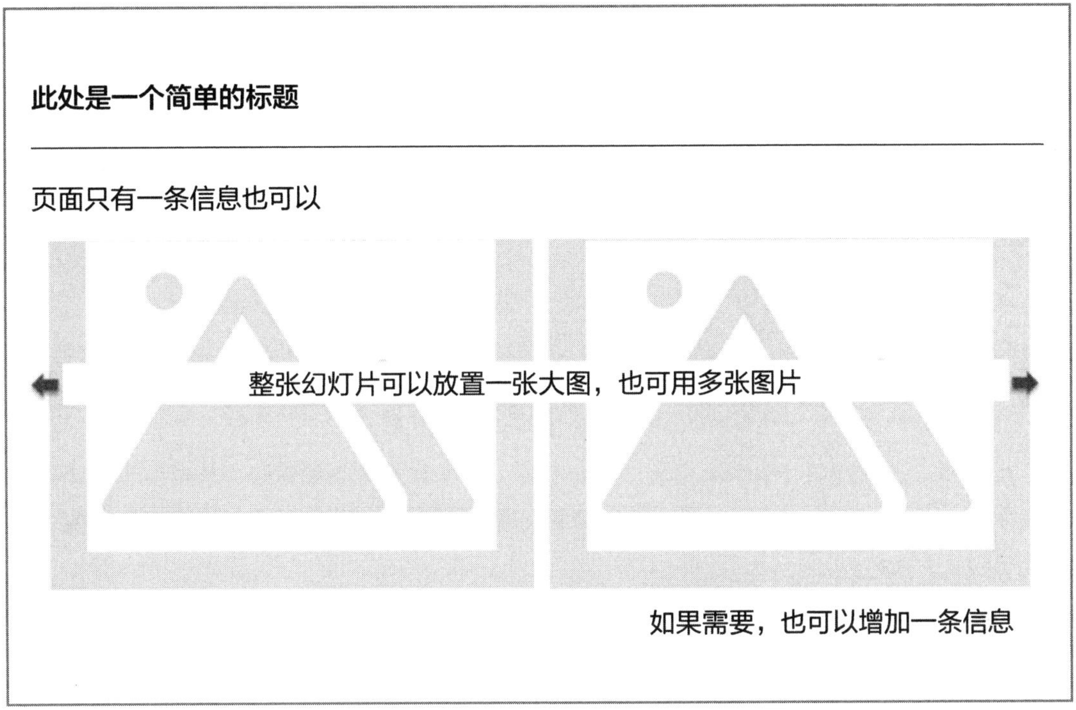

图6　简洁明了、视觉化的版式

提示 7：像讲笑话一样使用图表

每个人都很清楚，如果你讲了一个笑话后必须解释一番，那就不是一个好笑话。不管一个笑话有多好笑，如果有人不能立刻明白为什么好笑，它就不好笑了。一旦有人做了解释，对方或许从逻辑上理解了可笑之处，却不会像自己立即明白笑点那般体会到幽默。同样的理论也适用于把数据以图表或图形的方式呈现给观众。无论信息是以何种方式呈现的，重要的都是观众能够轻松地、迅速地理解你的核心内容和意图。这一点之所以重要，有以下几个原因：

- 如提示 3 所说，当你演示时，你希望人们只听你讲，把注意力放在你讲的故事上，不希望他们费力去理解屏幕上显示的数据。
- 观众越是难以理解你展示的内容，就越容易失去兴趣，你的可信度也就越低。人们更信任那些自己可以理解并且认为也能理解自己的专家。
- 清晰、易懂的信息会给观众留下深刻印象，观众的评价也会很高。技术专家往往给人刻板严肃的印象，所以如果你能把事情简单化，让观众感到你与众不同，你就赢了。

本书介绍的许多技巧，都是在帮助你尽可能让演示内容更简单、更易懂。一定要经常强迫自己从观众的视角来看你起草的演示文稿（见提示 5 和提示 86）。有些东西对你这个专家来说是显而易见的基本常识，但缺乏专业知识和经验的观众可能无法理解。

总而言之，如果你必须对自己的图表做一番解释才能让人明白你的意图，那么你就失败了。如果一个喜剧演员的表演让人难以理解，人们就不会再去看他的演出，因为体会不到乐趣。同样，如果你花了很多时间解释图表，那么下次观众也不会再愿意来听你的演示了。还有一种情况让图表或图形的效果同笑话一样，那就是大多数人使用的图表或图形都很糟糕，本书中有许多提示正是帮助你避免使用糟糕的图表或图形。

> 注：本篇出自本书作者的博客文章《像讲笑话一样使用图表》（国际分析研究所，2021 年 5 月）。

提示 8：简短的演示更难准备

人们经常会为一场较长的演示而感到紧张，但是依我的经验，较长的演示反而不应该成为问题，原因如下：

- 即使你讲得很啰唆，表达出所有观点也非难事。
- 演示时你不会被迫集中全部精力，也不必费力地精简演示内容。
- 即使没能说清楚你的要点，也有时间在观众提问环节进一步做出解释。
- 万一出错，或者被观众带偏了方向，也有足够的时间来补救。
- 如果较长的演示提前结束了，无妨，可以利用余下的时间与现场观众进行讨论，或者给观众留些时间思考，这两种情况都对你有利！

相反，一场简短的演示准备起来却可能很难，原因如下：

- 时间有限，不能浪费，因此你必须一直集中精力，干净利落。
- 你必须最大限度地精简演示内容。
- 可能无法陈述全部内容，因此必须按优先级进行选择（见提示 89）。
- 必须进行事先演练，确保把控好时间（见提示 83 和提示 87）。
- 必须让观众迅速理解你的故事，因为你没有时间做进一步解释。

我做过成百上千场演示，可以毫无疑问地说，最短的演示是最难的。在一场大会上，如果给我 45~60 分钟时间，对我来说轻而易举；如果我有 30~35 分钟时间，我就需要做些调整，突出要讲的故事；如果我只有 20 分钟时间，如今开大会这样的时间分配越来越普遍，那么我的血压会立即飙升，因为我知道必须费点心思才能吸引观众的注意。

简短的演示要求你直截了当，少些上下文的解释说明，你也没有多少时间来捍卫你的内容。你讲的故事必须简短、容易理解，并且有冲击力。这其实很难做到。因此切勿轻视简短的演示，这才是你应该忧心的，必须预留出充足的时间来准备文稿（见提示 10）和进行事先演练。

提示9：给高管的演示可能根本没有幻灯片

当你的职级上升，面对更高级别的观众时，演示的方法也会随之变化。如果你确实有必要向高层管理人员播放幻灯片，那么这些幻灯片必须比向一般管理人员展示的内容更高级、更具战略性。管理人员都希望迅速了解你的演示内容对业务的影响、相关风险及其成本，迅速做出决策，然后向前推进。

面对职级很高的观众时，我建议你考虑不使用幻灯片。高管每天都被各种演示淹没，一场场会议、一张张幻灯片，海量的信息定然令他们疲乏、厌倦。我发现，如果我在演示一开始便对观众说"会后我会把几张幻灯片发给大家，不过我觉得在这里我们可以只讨论几点关键内容"，我便能看出观众立刻精神抖擞。高管通常都很喜欢与人进行互动交流，而不是听别人讲。这就要求你必须对要讲的内容烂熟于心，确保能够脱稿演示。如果你能在没有幻灯片的情况下主导一场现场讨论，那么在场的高管必将对你刮目相看。

但是，不播放幻灯片，不代表不用准备演示文稿。将你的幻灯片打印出来，放在面前，如图9所示（这种格式会在提示88中更详细地介绍），便于你事先设计好流程，按流程一步步往下进行。如果你把打印版放在记事簿上，观众不会注意，你可以一边看幻灯片，一边做些笔记。在讲述你的故事时，即使没有播放幻灯片，幻灯片也会印到你的脑子里。讲完一张，就可以随手把它勾掉，这样就知道还有哪些内容要讲了。

这样做还有个好处，那就是假如时间不够了，你却还有一些内容没来得及讲，你可以直接说："我们的时间不多了，我再说最后几点。"接下来你可以给故事收尾，因为没有播放幻灯片，你可以借机补充完整你想要传达的主要信息。如果还有一些不太重要的内容来不及介绍也无妨，只要讲完最重要的内容就可以了（见提示89）。使用这种方法，有利于你引导高管做出下一步行动。

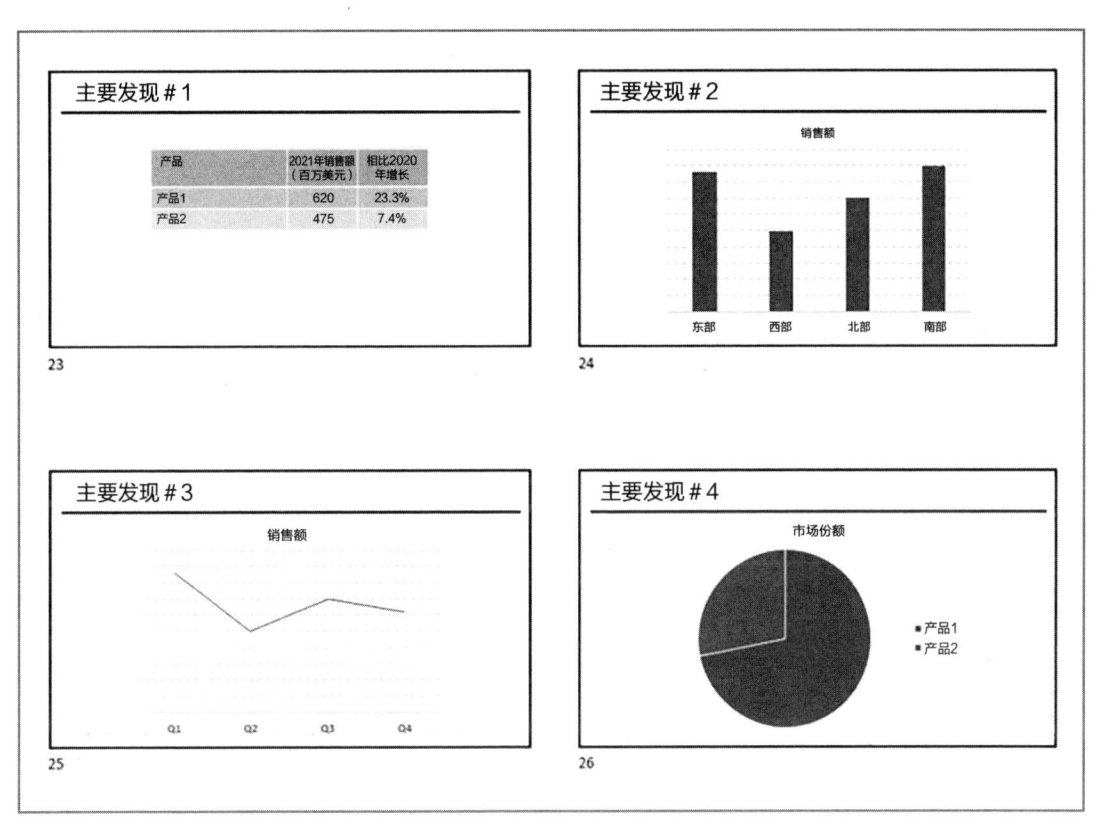

图 9　不播放幻灯片，使用打印版

提示 10：预留适当的时间

在一开始介绍提示 1 时，我们就讨论了若想获得一个项目的成功，出色的演示效果与为项目本身付出的全部心力同等重要。我们常犯的一个错误是，没有预留出足够的时间用以创建数据驱动演示文稿以及操练演示过程。我们很容易纠缠一些工作细节，在项目完工前总能一次又一次挑出需要仔细推敲的地方。最后你发现距离项目演示只剩下一两天的时间了，这才把注意力转到制作演示文稿上，此时的你往往开始焦虑。这样可不行。

要记得，始终留出至少一周时间用以创建一份极其重要的、高品质的演示文稿，这样才能从容地设计和制作文稿、做好演示的准备工作。其间你必须字斟句酌，经过几番修改才有可能形成一份恰当的演示文稿。考虑到还需要时间请同事和项目出资方提出修改意见和建议，一周时间转瞬即逝。

事实上，从项目一开始，你便应为准备演示预留出时间。要争取在项目截止日期前一至两周取得最终成果，以便为演示文稿的设计和制作留出必要的时间。也可以进行分工，一部分人继续完善项目成果，另一部分人开始整理演示文稿。只要完成幻灯片的整体结构及初步内容，填入最新数据便很容易。如果项目较小，你可能不需要一周时间，但根据项目体量大小预留出一段符合实情的时间仍然很重要。

提示11：追求真实，做你自己

本书中的提示可以帮助你提高数据驱动演示的技能以及讲故事的能力。但是，不要过度追求任何一个技巧，从而丢失真实的自己。观众喜欢看起来真诚、放松、真实的人。如果你强迫自己用不习惯的方式说话或行动，观众一定能看出来，这将有损你的形象、弱化你的影响力。

哪些术语可以使用、哪些避免使用，以及最新的热门词和流行语有哪些，此类建议比比皆是。但是，无论你用了多么漂亮的词、多么新潮的流行语，如果不符合你的个性和身份，这些词就失去了魅力。与其机械地套用一个漂亮的新词，不如回归真实，即使略显笨拙的表达方式也无妨。

你很清楚自己习惯使用哪些词、语速的快慢，以及使用怎样的手势。除非你总是收到负面反馈，说你惯用的表达方式会干扰观众，否则不要轻易改变。严格来说，我自己就经常违反"常规"，却经常收到对这些非常规行为的正向反馈，因为他们喜欢我真实地做自己。

我曾参加过一个演示技巧培训课程。培训师很优秀，不过她真的非常努力地实践自己课程中的主张，却表现得有点过度，以致显得十分做作和刻意。她直挺挺地站在教室前方，在介绍多个要点时，一边一字一顿地说"一""二""三"，一边把手举到精准的同一高度数着手指。她的表现原则上完全正确，却全然丢失了自我和个人风格，显得矫揉造作、不真实。

虽然我们要努力锻炼自己高效、专注的演示能力，但是过犹不及，不要因此失去自我。做真实的自己，保持自我意识，及时观察观众的情绪和反应（见提示102）。可以塑造自己的演示风格，但要始终追求真实。

提示 12：观众认可的是什么？是你这个演示者

虽然本书介绍的是演示文稿的内容制作以及演示的方法，但要记得，演示者自己是构成一场成功的数据驱动演示的首要因素。无论演示的内容、版式或风格如何，只有演示者在观众中树立起足够的可信度和专业形象，观众理解、接受了演示者的演示内容并采取了相应的行动，演示才算成功。

一场演示再精彩，哪怕获奖无数，如果观众不喜欢或不信任做演示的人，演示必然失败。演示得再漂亮，若不能赢得观众信任，便不如一场平平无奇却能获得观众信任的演示。只不过，做一场扎实的演示，并且赢得观众信任，不是一日之功，你必须为此付出努力。

一场出色的演示本身便有助于建立信任，因为它表明你足够重视，才能既演示得出色，又为观众提供了他们需要记住的信息。一般来说，不是每个利益相关方都会出席每一场演示，因此，未能出席实时演示的人若在事后看到准备充分的演示资料，也会留下深刻印象。

这篇提示说的是，观众认可的不是你的演示内容，而是你这个演示者，那些非技术型观众尤其如此。他们希望相信，是你处理了那些技术细节，解决了他们的问题，并能帮助他们实现自己的目标。无论你所属的团队规模有多大、多有实力，在你演示时，观众评判的是你个人，你是否值得信任，因此你能否取得成功，在于能否让他们决定相信你、愿意根据你的成果采取行动。虽然本书内容以演示技巧为主，但你在阅读时一定要牢记这一点。

第 2 章

规划篇：设计演示文稿

在创建任何幻灯片之前，必须花点时间做演示文稿的设计工作。你很有必要预先明确要讲个什么样的故事、按什么顺序推出你的信息、触及多大难度与深度、希望观众记住什么内容，以及希望观众采取怎样的行动。使用什么样的口头表达方式传达这些内容，也需要提前做好设计。

如果你养成习惯，在制作演示文稿前先花些时间做规划，很快你就会发现，不仅能更好、更快地完成演示文稿，并且规划阶段花费的时间远远少于因事先欠缺妥当设计而耗费的后期修改的时间。在这个部分，我们将介绍一些基本理念：

- 根据不同的场合，确定演示的风格。
- 决定演示中需要包含多少具体细节。
- 利用多种手段，尽量简化演示文稿，如增加动画、使用附录等。
- 具有实践意义的内容要前置且放在中心位置。
- 演示的重点要放在观众应当如何使用你的结果上，而不是这些结果是如何产生的。

拍电影时，导演不会一上来就开始拍摄各个场景，期望全部拍完后直接把各个场景串起来就能制作成一部好电影；相反，在开拍之前，他们会极其详尽地设计好整个故事线以及每一个场景。创建和发表有效的数据驱动演示，也必须遵循这一模式。

提示 13：场合不同，方法不同

本书中的大多数提示几乎可用于任何场合；不过，演示的场所不同，有些提示的重要程度也各不相同。这里我们只选择数据驱动演示的三类场所：商务场所、行业会议和学术场所，不同场所的演示方式略有不同，应当进行适当的调整。

多年来，商务场所是我见过演示出现错误最多的地方。这很糟糕，因为商务场合下错误的代价往往很高。本书中的所有内容都适用于商务演示。出席商务演示的人员通常来自各行各业，技术背景也各不相同，有时候你最需要影响的人其背景却与你最不相同，此种情况也很常见，因此必须做好满足不同需求的准备。毋庸多言，本书介绍的这些提示对商务场合的演示尤为重要。

行业会议上的演示要稍做调整。行业会议的一个好处是，你既然选择出席了一场行业会议，通常观众背景的相关性会更强一些，比如，财会类会议少有非财会专业的人士参加。即使观众可能会因为熟悉你的话题，能听懂一些专业细节，他们也会很挑剔，希望从你那里了解到一些真正新鲜的内容。

行业会议也有些挑战，那就是由于演示是公开的，演示者必须尊重商业机密，因此无法向观众展示对商业的具体影响，或者提出具体的建议。再者，行业会议上演示者众多，要想脱颖而出，幻灯片的视觉效果更为重要。另外，在观众提问环节，你还很有可能会被引导到原本要放入附录中的内容，因为观众通常希望也很可能更深入地讨论你的话题。

学术性演示可能完全不同。我认为追求清晰明了、增强可读性、增加视觉吸引力的演示技巧，完全适用于学术场合；可惜，从我所见过的学术性演示来看，很少有学者认同这一看法！另外，在学术性演示中，原本可能放入附录中的技术细节，通常反而必须成为演示的核心，因为观众往往期待看到那些烦琐的细节，希望你一一说明。

可以说，我认识的一些声誉卓著的学术专家，在演示时都遵循了本书介绍的方法。他们之所以能引人注目，也有部分出于这一原因。出色的演示技巧有助于他们拓宽影响范围，不仅仅是那些与其主要专业领域深度关联的人。尤其是当你新入学术界，需要逐步树立声望时，你必须尽你所能，脱颖而出。本书的内容可以助你一臂之力。

总而言之，无论在什么场合、面对怎样的观众进行演示，本书介绍的技巧都大有裨益。其中一些技巧，即使在不同场合中的重要程度不尽相同，却也不容忽视。如果既能恰当地使用视觉效果强、内容清晰明了、表述直接易懂的幻灯片，又善于引人入胜地讲述趣味性强、令人信服的故事，定会让人受益匪浅。

提示 14：试着用不同的方式组织你的故事

一般来说，演示都从介绍主要发现和建议开始（见提示 28），以呼吁采取某些行动结束（见提示 118），但是这两点之间的论点如何组织与陈述，有很大的自由空间。有时候各种支持性论据的介绍顺序是显而易见的，也有很多时候存在许多看似合理的其他方式。此时你要考虑，应该如何组织你的演示才能产生最大影响？

试着用多种方式对内容进行排列。不用很长时间，只需列出几个关键点，然后按照你觉得可能的不同方式进行排列，如图 14a 和图 14b 所示的两种排列方式，直接拖动幻灯片便可轻松生成一种顺序。你可以选择有力的开头和有力的结尾，只要把几个最有说服力的观点放在最前面和最后面就可以。需要提醒的是，特别有争议的内容需要谨慎处理，应当根据特定观众的文化背景和具体情况前置或后置。

列出几种方案后，将它们暂放一边，过一会儿再重新审视一遍，你可能很快就能够发现有些方案更好一些。做出一两种选择后，邀请一个同事（最好是你要演示的一位观众）与你一起过一遍（见提示 84），当局者迷、旁观者清，他提出的意见有助于你把握好方向。

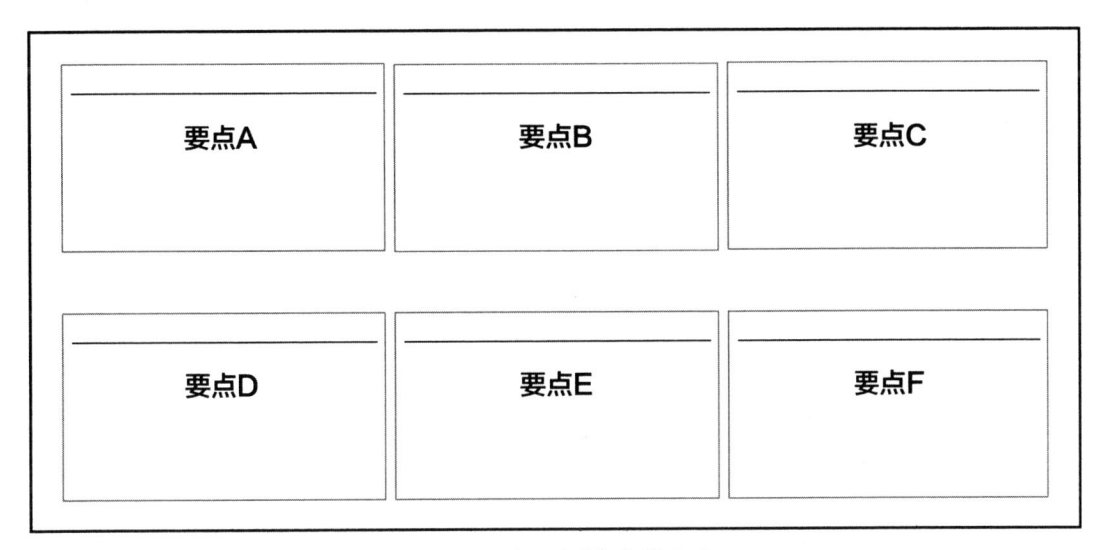

图 14a　演示内容如何排序 1

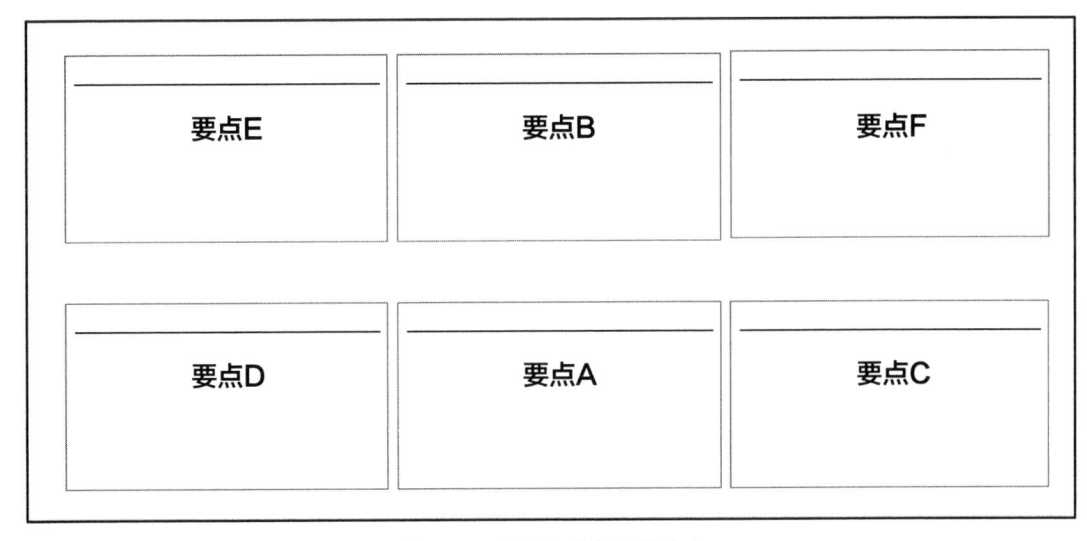

图 14b　演示内容如何排序 2

提示 15：技术细节过多，会削弱你的影响力

我们经常误以为，帮助观众——尤其是非技术型观众——了解我们工作中的技术细节，可以提升自己的专业形象和影响力。可惜的是，事实并非如此。假如你的车坏了，你去找当地两个汽修工帮忙，你会信任以下哪个汽修工并把这笔生意交给他？

汽修工 1：

"看起来是变速箱出问题了。我得做几个测试确定一下，包括制动液、电子控制系统和车内诊断系统。我来给您解释一下这些测试。"（他分别花了五分钟时间介绍每项测试中你完全听不懂的技术细节）

看测试结果怎样，可能能修好，也可能修不好。出现这种症状，有种不太常见的情况是必须换一个变速器，需要几千美元，大约需要两周时间。虽然有可能是这种情况，但可能性不大。

"还有，我们目前与主要供应商的关系出了点问题。我觉得变速器部件的采购应该没受到影响，我只是想事先说明一下，没下单就说不准。但愿明天我能给您一个确切的时间和大概价格，因为我们一位修理工病了，不知道明天能不能回来上班。我要不要现在给车登个记？"

汽修工 2：

"我几乎可以肯定变速箱出了问题。类似的情况我遇到过，可以在三天内修好，大概

1500 美元。尽管还没检查，我不能保证，但 48 小时内我会给您确切答复。我要不要现在给车登个记？"

汽修工 1 为你提供了有关汽车检测、不确定因素以及可能出现的结果的诸多细节和技术背景，你听后很可能感到不安、不知所措。很多信息并不是你需要知道或者想知道的。大多数客户都不会选择把车交给他来处理。而汽修工 2 干脆利索，并且自信。他承认有些不确定因素，但他说明了他觉得哪里出了问题，也很清楚地解释了解决的步骤。大多数人会觉得与他的沟通比前者更舒服，尽管他们听到的具体内容要少得多。

人们认为你是专家，他们把自己不懂的技术细节交由你来处理，那应该是你要操心的，他们不想听你解释那些技术细节。所以，观众希望从你这里获得什么呢？

- 简要说明你的结论。
- 这些结论对他们的意义。
- 他们可以采取的具体行动。

你一定是专业的，并且一定能将上述内容很好地传达给观众。但是不要忘记，他们相信你是处理技术细节的专家。让他们明白你所做的工作可以帮助他们解决什么问题是项目成功的开始，有利于将来获得更多的支持。

注：本篇出自本书作者的博客文章《破坏分析可信度的常见陷阱》（国际分析研究所，2019 年 2 月）。

提示 16：非必要，不细节

尽管你并不想主动贡献太多细节（见提示 15），但一旦有观众提出要求，那么准确估算透露多少细节就显得很重要。尽管一般来说高管和非技术型观众很少愿意深入了解技术细节，也总会有例外。遇到这种情况，该透露多少细节为好呢？可遵循以下三条原则：

- 唯有观众明确提出了请求，才深入介绍技术细节。
- 只提供少量细节，满足提问者需求即可。切勿赘述。
- 如果只有一个人对某一话题感兴趣，建议进行一对一的跟进，避免跑题，占用集体的时间。

事实上，大多数人希望你处理某个技术问题，他们不会关心具体细节，只想看到你有信心解决问题。他们来看你的演示，和你去修车时一样抱着同一种心态（见提示 15），认定你具备解决他们问题的知识。当然，有时候观众中也有人想了解一些细节，也可能与会者中有技术出身的人员，他们可能比非技术出身的人员更关注细节问题，此时你必须在不影响其他观众兴趣的情况下，设法安抚技术人员，例如建议他们会后再做具体讨论。

提供技术细节的时候，要像往杯中倒水一样。如果杯子水不够满，可以再加一点，但是一定不要溢出来，否则就乱了，覆水难收。同理，你可以不时地加点技术细节，以满足部分观众的需求，但一定不要过多，一旦观众失去了兴趣，再想收回来就很难了。要采取缓慢添加的策略，注意观察，点到为止。

关于这个原则，我还想到另一个比喻：开始时只展示树干；如果有人想看树枝，就展示树枝；如果有人想看树叶，再进入树叶层面。如果你一味地深入介绍细枝末节处，那么你只吸引了那些想听细枝末节的少部分观众，而失去了大部分观众；而如果你从高处着手，随着观众的要求逐步深入细节，你就赢得了所有观众！

数年前，有一位客户跟我说："说清楚'what'（做了什么）、'so what'（那又怎样）、'now what'（下面该怎么办）就够了。对方问起时，再具体介绍'how'（怎么做）和'why'（为什么）。"实际上只要我们用简练的语言向自己以及项目出资方呈现出自信，让对方相信，对面临的难题我们胸有成竹，或者我们有能力依据自己的研究结果提供极有价值的指导，那便是演示的最佳成果。毕竟，对技术专业人士来说，一谈到细节便很容易兴奋得滔滔不绝。一定要控制自己，不要说得太多，因为那是个陷阱！

> 注：本篇出自本书作者的博客文章《破坏分析可信度的常见陷阱》（《国际分析研究所》，2019 年 2 月）。

提示 17：演示重点要放在如何使用成果上

在介绍和讨论技术性内容时，应当从发问者的角度做出解释或增加一些细节。非技术出身的人员对一个问题的理解与你不在同一水平线上，提问时使用的措辞可能与你这样的专家截然不同。

试想：你走进一家汽车经销店，看到一辆汽车，你询问这辆车的倒车摄像头怎么样。销售员是个技术狂，他开始激情澎湃地向你仔细介绍 OLED（自发光）屏幕如何高清、车载传感器如何进行实时扫描，以及电脑如何计算行车轨迹并如何呈现到显示屏上，你说不定会后悔发问了。尽管销售人员是个热衷于技术的专家，但在向客户深入介绍技术细节之前，应当先确定客户是否也是个技术狂。如果没把握观众想要什么，就直接问吧！

大部分人问起倒车摄像头怎么样时，他们真正想知道的是倒车摄像头该如何使用，而不是真的想了解这个系统是怎样运作的。销售员的理想回答是："您倒车时，会看到车后有什么，还有您倒车位置的影像。听到'嘀嘀'声，就马上停！"

同理，如果一位经理问"这些分析结果是怎么回事？"，他可能不是想要理解你如何计算、数据是如何得出的，或者这些分析要如何系统性地在组织内部使用；其实他可能只希望了解这些分析结果有什么用。例如，他可能期待这样一个简单的回答："利用这个分析结果可以算出每个客户的响应概率，然后您可以根据这一概率决定是否向客户提供某项产品。"

同样的理念适用于任何技术领域。如果一位经理或客户在一场产品演示上问到"这种新胶水是怎么回事？"，他不会想听你上一节化学课，而是想听你说："这种胶水可以像我们其他产品一样使用，不过干了以后，这种新胶水的黏度比我们的标准产品要强两倍以上。"

记住：进行数据驱动演示时，如被问及"这是怎么回事？"，真正的问题几乎一定是"它有什么用，它将如何为我增值？"，在向非技术型观众演示时尤其如此。若不能认识到这一点，定会让观众感到糊涂、失望，更糟糕的是，他们可能会认为你过于技术化，对他们而言不够实际，不再重视你，更不重视你的研究成果。

> 注：本篇出自本书作者的博客文章《破坏分析可信度的常见陷阱》（国际分析研究所，2019 年 2 月）。

提示 18：打比方会有更好的效果

我估计这会是本书较有争议的一项内容。我知道很多人不喜欢打比方，认为会削弱他们的立意。当与其他技术人员打交道时，我可以理解这种观点，因为如果只在技术同行之间讨论技术问题，或许你不用打比方便可以解释清楚问题（尽管我个人仍然认为即使在同行之间打比方也很有用）。然而，在与非技术型观众打交道时，我发现打比方是帮助观众理解一项复杂概念的最有效手段之一。

我经常使用两个很流行的故事打比方：一个是用"困在玻璃杯中的跳蚤"[①]的故事来解释创新思维，另一个是用冻酸奶店不同的商业模式的故事来说明为什么通用的分析架构需要改变。就我的目的而言，这两则故事可能听起来都很可笑，但它们确实有助于人们理解如何以不同的方式思考一个常见的复杂问题。我不是一开始就这样打比方，而是看到观众不太理解我的话题，先试着用不同的方式进行解释，最后发现打个比方便能达到效果，于是开始使用这个办法。

你会发现，我在本书中多次借助于日常生活中的一个例子来解释一个技巧，这个例子与如何演示数据驱动的内容毫不相干；我用打比方做好基础工作，然后才联系到如何演示数据驱动的内容。我想你应该会更容易记得住我打的比方，而不是那些更技术性的解释。如果真是这样，打比方这一技巧你也应该用起来！

[①] 即"跳蚤效应"，来源于一个生物实验：生物学家往玻璃杯中放入一只跳蚤，跳蚤轻易地就跳出来了；给玻璃杯加个盖子，跳蚤跳了多次但全部失败后，便调整了跳跃的高度。即使再把盖子拿掉，跳蚤也跳不出来了。——译者注

提示 19：充分利用附录

本书多次提到要尽可能压缩幻灯片的页数，如非万分必要，不要展示过多细节。然而，我们往往还是有一些额外的详细内容需要提供给观众，以便他们在会后查阅。这些内容可以放入附录中，这样观众既可以在你演示时快速接收核心要点，也可以在会后根据需要仔细了解相关细节。

我认为，为了帮助观众理解一场数据驱动演示的内容，附录是一件功不可没的工具，但其价值被大大低估了，所以切勿保守或吝啬，演示时可随意添加附录。标注清楚，便于观众在会后可以轻松找到自己想要查阅的内容。当然，在你演示的时候，不应该直接展示附录的具体内容，但要告知观众你能够提供。图 19 是一张幻灯片示例，列出了附录内容清单。在你讲述你的故事时，如果附录中有关于某个话题的更多信息，你可以提醒观众留意。即使观众没有要求查看附录，他们也觉得你很贴心，考虑到了他们在会后查阅的需要。

> **附录，敬请详阅**
> - 附录一：用于分析的数据来源
> - 附录二：本项目采用的方法论概览
> - 附录三：推荐阅读的相关文章与论文
> - 附录四：项目历史及章程文件
> - 附录五：结论形成前的工作汇总

图 19　附录清单，以便观众查阅

如果有观众的提问涉及附录中的信息，切勿直接打开、展示附录的全部内容，而是如提示 16 中所言，只展示和讨论附录中与问题有关的部分，然后赶快回到演示的主文稿。另外，一定要在演示结束之后再把附录分发给观众，这一点在后面的提示 100 中也有说明。

提示 20：另外创建一份独立文件

提示 19 中介绍的是利用附录为观众提供会后查阅的更多信息。不过，附录只是其中一种方法。附录可以独立使用，也可以与其他方法一起使用，比如本篇介绍的方法。

在我从事的行业，如果是一份极为重要的、涉及大量投资的、利益攸关性很高的分析报告，我们必须制作一份正式的书面报告，作为实时演示幻灯片的支持性文件。正式的书面报告几乎像一篇学术论文，包含着该项目方方面面翔实的细节。当然，撰写此类报告极其耗时，只有开展极高价值的项目时才会提供。

在提供附录和一份完全独立的文件之间，还有一个中间选项，那就是使用 PowerPoint 的"备注"功能，从打印菜单中选择打印"备注页"版式，也可以提供比幻灯片上更为详细的内容。另外，这种格式可容纳的内容有限，你只能提供简短的备注（1~2 页），因此不会令观众感到有压力。

我个人喜欢这种充分利用备注页的方法，因为可以在每张幻灯片下面放上额外的重要数据和演示要点。然后，在演示前检查幻灯片时，我也会检查这些备注。我为观众提供打印版本，既可以让我做好充分准备，也可以为他们提供更多信息。图 20a 展示了一份备注页打印版的示例，页面干净、明了，非常方便理解。图 20b 显示了如何打印备注页。

备注页打印版示例

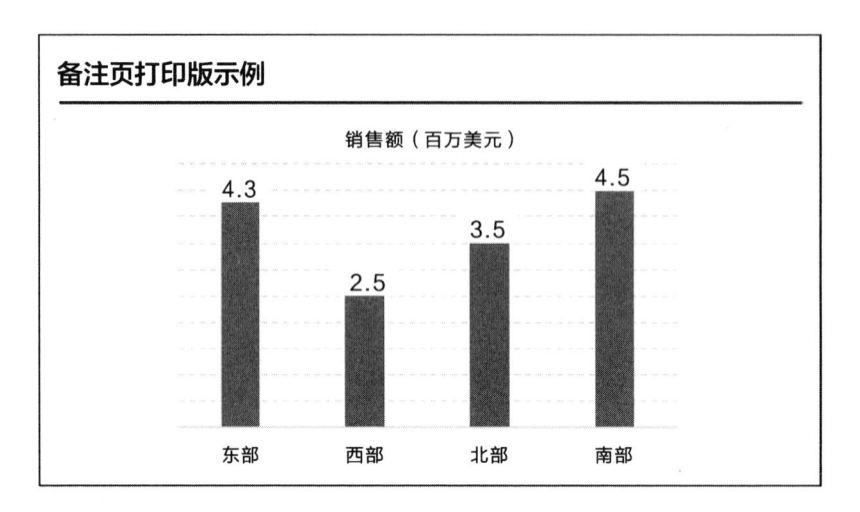

销售额（百万美元）

东部 4.3　西部 2.5　北部 3.5　南部 4.5

此处还需要留意一些信息。

四大关键结论：
1. 要点＃1
2. 要点＃2
3. 要点＃3
4. 要点＃4

还有一些情况值得注意。我们不用一一深入介绍，但无疑这些情况也很重要。我会多次强调！

另外，我还有一些发现：
- 额外发现1
- 额外发现2
- 额外发现3

图 20a　带备注页的幻灯片

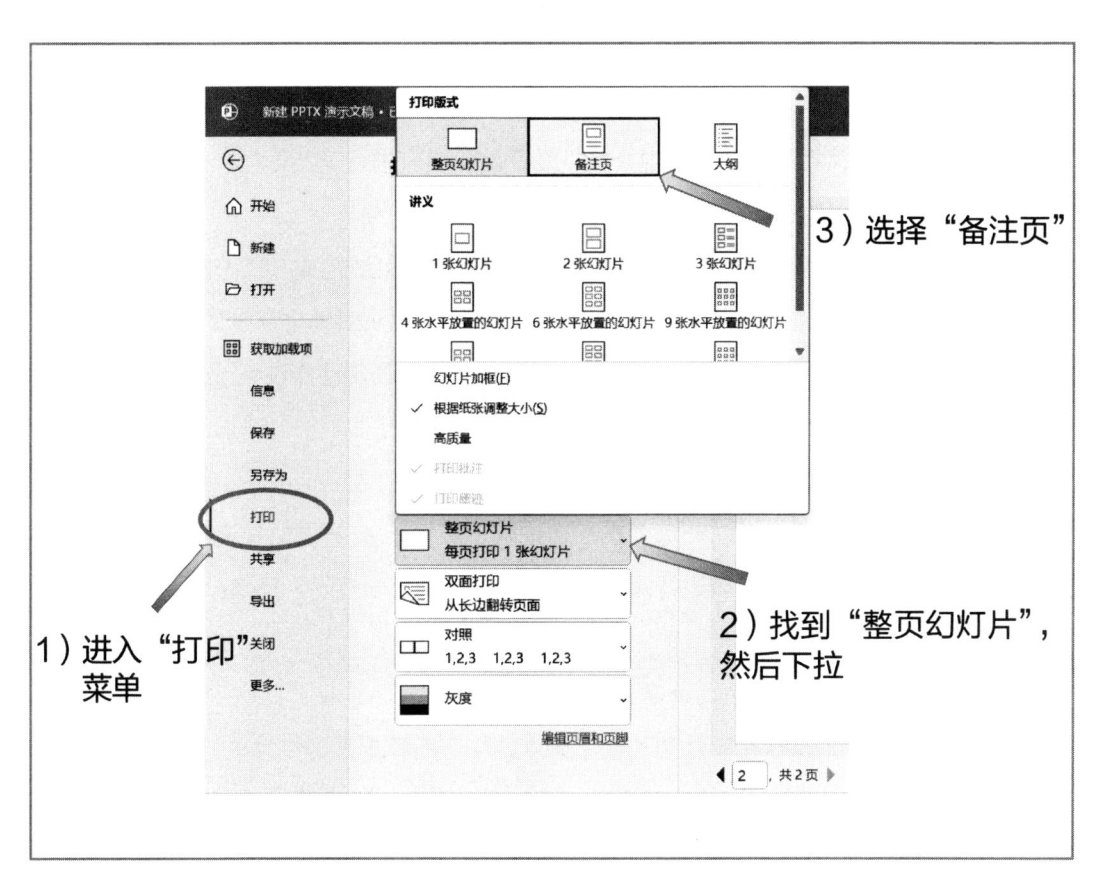

图 20b　如何打印备注页

提示 21：创建"启动"幻灯片

在提示 23 中，我们会讨论如何使用动画功能来控制演示节奏。在有数条信息需要按一定的顺序逐一进行说明时，动画可实现出色的呈现效果。不过，有时候你需要介绍一个涉及面很广或很深的话题，并且需要根据观众的现场反馈和反应进行灵活处理，这时候就需要采用这样一种方式——创建一张"启动"幻灯片。

"启动"幻灯片是对某个概念的高度总结，比如一种框架结构或者一个流程概述。你可以先对这张幻灯片上的总体思路进行简要说明，然后询问观众对哪个部分的内容最感兴趣，再直接跳到那一个或几个最让人感兴趣的话题。你甚至可以利用动作设置（见提示 24），进入深入讨论的幻灯片，然后灵活、随机地来回跳转。

另一种选择是停留在这张"启动"幻灯片上，直接逐一介绍各点内容。这张"启动"幻灯片可能会停留很长时间，所以一定要在准备过程（见提示 87）中记住这一点。停在这张"启动"幻灯片上，对上面的内容进行深入说明，这样做的好处有以下几点：

- 可令观众专注于你和你讲的故事。
- 即使没有幻灯片，你也可以深入谈论具体内容，可以显示出你对这一话题胸有成竹。能脱稿演示，证明你对内容非常熟悉，这会增加观众的好感度。
- "启动"幻灯片停留较长时间，有利于加深观众脑海中的全局观，有助于他们从更宏观的角度理解各项要点的具体内容。

图 21a 是一张"启动"幻灯片示例。在这个例子中，你可以只用这一张幻灯片对整个产品生命周期进行详细的说明，深入介绍每个阶段的情况。图 21b 是一张常见的项目分析流程

图，你也可以只用这一张幻灯片，具体讨论其中的某个步骤，或逐一说明全部流程。在这两个例子中，你都可以将更详细的信息用分发文档、附录的方式，留给观众以便会后详阅。

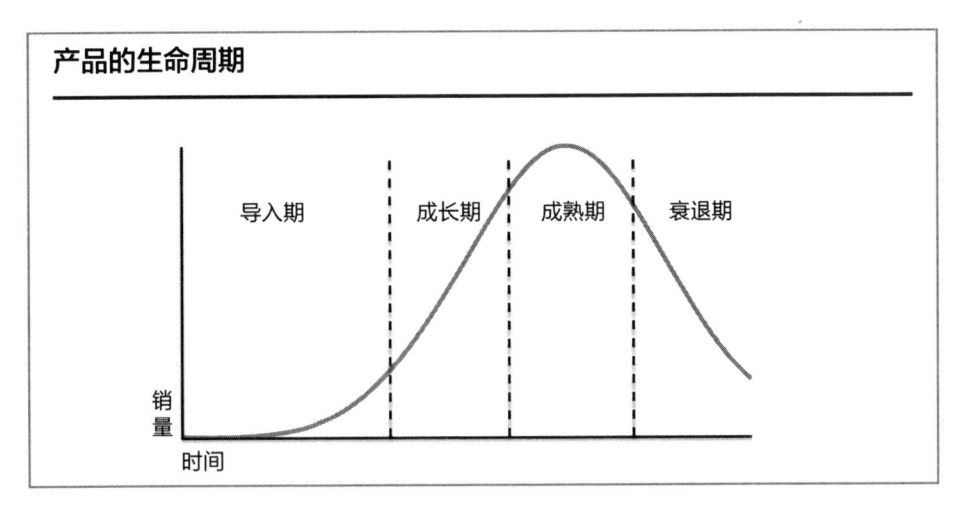

图 21a "启动"幻灯片示例——框架结构

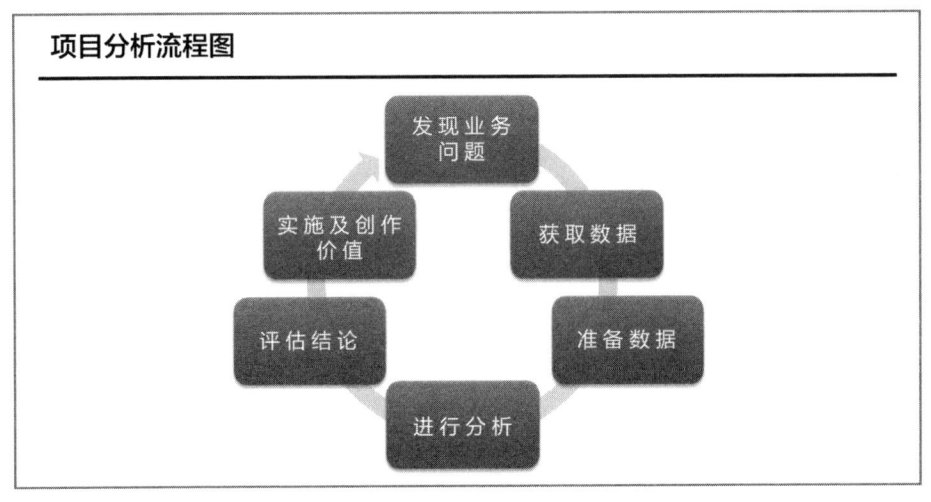

图 21b "启动"幻灯片示例——项目分析流程

提示 22：对内容进行细分

人们习惯于在一张幻灯片上添加很多内容，认为多多益善。这种想法是错误的。你可以通过网络分享一份详细报告，或者于会后把包含详细信息的文档分发给观众，因为如果观众愿意，他们可以花更多时间仔细阅读、理解那些具体内容。我们在本书中反复强调，在实时演示时，要让大家将注意力放在你身上，而不是去琢磨屏幕上的内容。因此，你应当把演示内容进行细分，形成一条条更为简短的、易于理解的信息。

我们以一份包含多项指标的业绩数据表为例，这是领导每天都要查看的图表。正因为他们经常看这些图表，演示者往往直接拿到演示中来。然而，这种简单粗暴的复制、粘贴，会使幻灯片看起来信息量过大，容易分散观众注意力。你在演示时，每次只谈一个要点，所以也要每次只呈现一个要点的相关信息，避免在一张幻灯片上展示大量信息；相反，可创建多张幻灯片，分别展示有针对性的特定信息。或者，你可使用接下来提示 23 中介绍的动画功能，在展示一张复杂的幻灯片时，让观众的注意力跟随你的节奏逐一进入各个部分。

图 22a 的幻灯片就是一个内容过于繁杂的例子，无论观众有没有技术背景，都会眼花缭乱，不易理解。作为一份会后分发的文件，这些图表很好，但是实时演示时对其进行解释则非常困难。图 22b 将其中一张图表单独展示出来，你可以有针对性地进行解释。图 22c 则使用了提示 23 中的动画功能，每次只突出显示一张图表，其他图表则进行虚化处理。

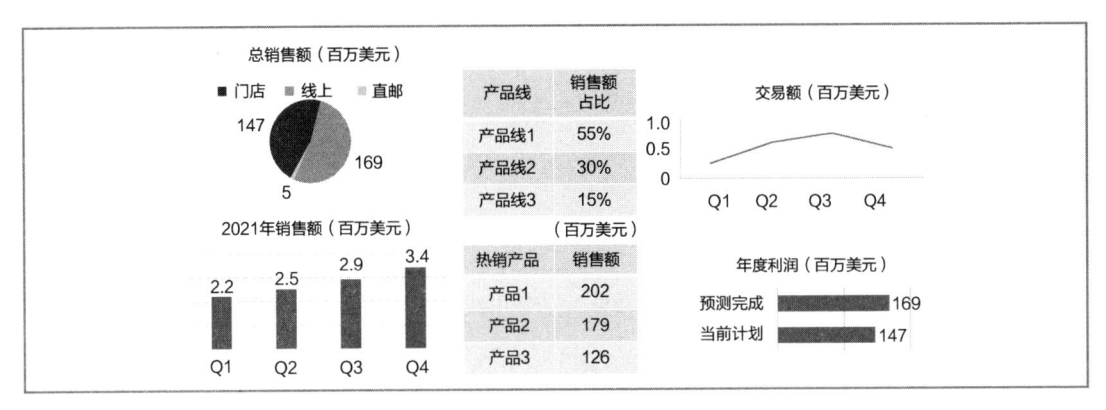

图 22a　季度业绩数据

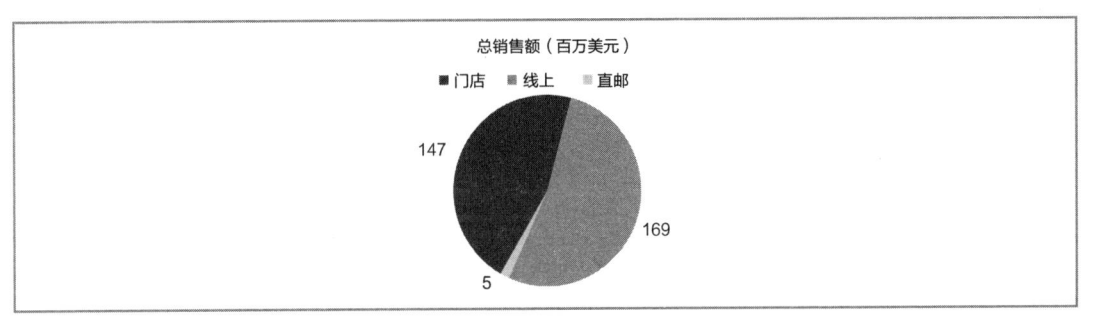

图 22b　季度业绩数据概述——各渠道销售额

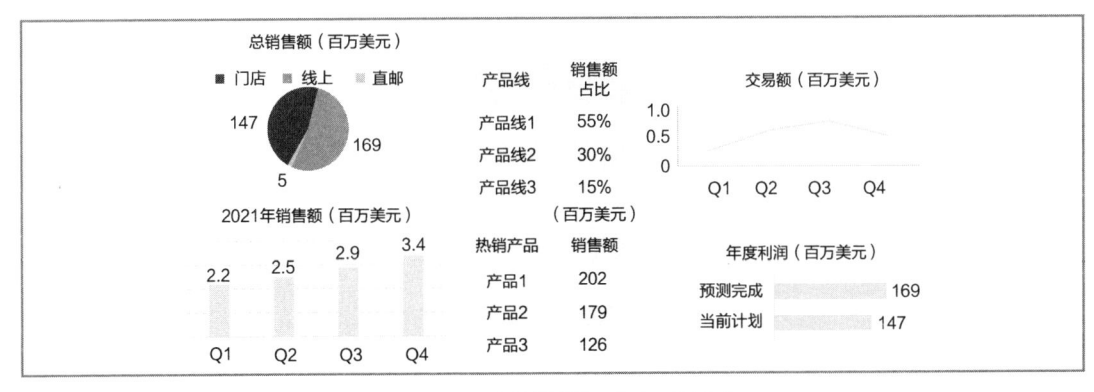

图 22c　季度业绩数据（动画展示）

第 2 章　规划篇：设计演示文稿 // 039

提示 23：善用动画功能

要想轻松把控一张幻灯片中内容的演示节奏，动画是个绝妙的工具。重要的信息可以分别展示，每次只展示一条，让观众跟着你的节奏走，不提前阅读其他内容。如果已将演示文稿作为讲义提供给了观众，他们会立刻看到完整的内容，此时借助于动画功能，可以让现场演示的内容与讲义区分开来：在演示中通过动画功能，让故事在你的操控下缓缓展开；但如果他们低头看资料，就会立刻看到全部内容。

一些简单的动画有时候可以产生明显的效果，比如在展示一些重要结论时，幻灯片上可能会罗列出几个言简意赅的要点，如果一下子全部呈现出来，会分散观众的注意力，因为他们会马上开始阅读全部要点，自行去琢磨它们的意思，不再听你介绍和解释了。而若使用动画，逐一展示、逐一说明，便能把控局面。同样，如果幻灯片上有多张图表，也可如此逐一展示。

还可利用动画来强调幻灯片上的某些内容。如果你必须展示一张大表，可以用动画突出一些你想重点说明的部分，比如，对于重要的数字，你可以加个圈、标个箭头，或者加大字号，都能有效吸引观众的注意力，如图 23a 所示。这一点我们还会在提示 95 中进行说明。

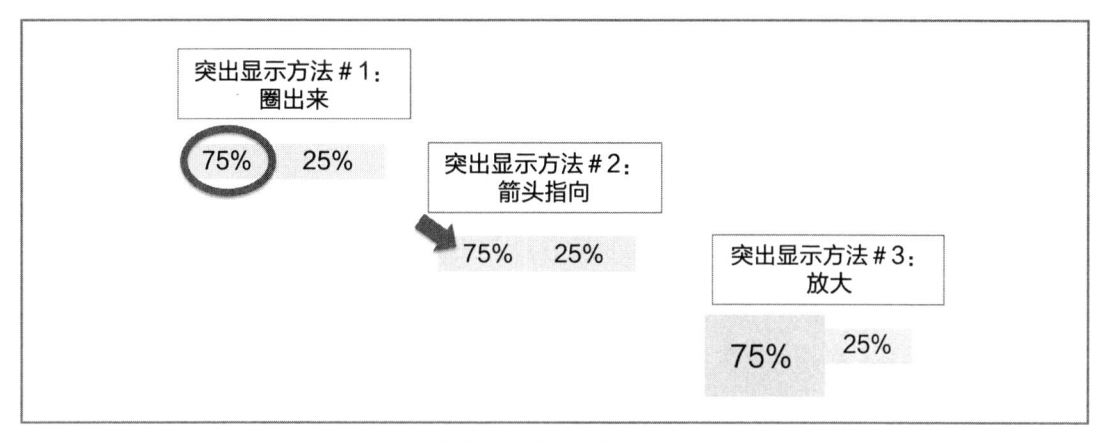

图 23a　突出显示关键数字的三个动画选项

还有一些更为高级的动画技巧，包括添加、去除某些内容，或者改变形状等。我个人很喜欢使用的一个技巧是虚化页面上的内容，只留下重点内容，如此一来，即使一张幻灯片上有很多内容，观众也很清楚应该把注意力放在哪里。图 23b 便是一个示例。

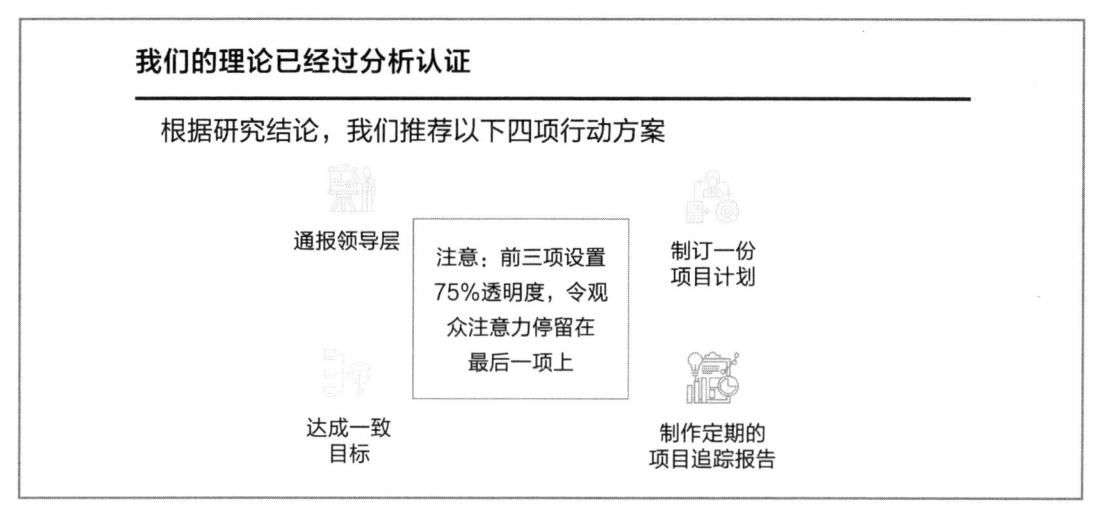

图 23b　变淡动画功能

第 2 章　规划篇：设计演示文稿 // 041

提示 24：动作设置是个秘密武器

提示 23 中讨论的是如何把控一张幻灯片中内容的演示节奏，但动画功能无法用于多个幻灯片之间的切换。很少有人知道 PowerPoint 中有个"动作设置"功能，正是用于这个目的。

"动作设置"的好处在于，它可以将文本或图形转换为超链接，跳至演示文稿的其他部分，甚至其他文档。例如，你想在介绍一张幻灯片时，切换访问一个附录文件，便可以在幻灯片的某段文字或图形上插入一个动作，让这个对象直接引导至附录文件；同样，在附录上可插入一个动作，再返回到原文稿中。

这个工具非常强大，因为它可以让你一直处于"演示模式"，却能自由切换至不同的内容。你不需要反复地上下翻页，找到你想要的那张幻灯片，再回到原位置；也不需要离开演示文稿，打开附录文件，再回到演示文稿。利用动作设置，可保证你在不同内容之间进行无缝切换，掌握流畅的演示节奏。

我主持过许多网络研讨会，有时候观众的互动性很高，我会在提出的多个讨论话题中，让他们现场表决希望我接下来讨论哪一个。我在幻灯片上的每个话题插入一个动作，无论观众选择哪个话题，都可直接切换至对应的文档位置。结束这个话题后，我还能直接返回到那张包含多个选项的幻灯片。这样，从观众角度来看，网络研讨会便很流畅，而实际上我一直在演示文稿各张幻灯片之间跳来跳去。

由于不同场合或场次的演示中观众参与度不尽相同，对于最终能讲完多少内容，我也并不总有十足的把握，所以我还会在幻灯片母版中的徽标或版权文字上设置一个动作，可直接进入最后的总结部分。无论处于演示文稿中的哪个位置，只要到了应该结束的时候，我只要轻点鼠标便可直接进入总结。如果你学会使用动作设置，一定会喜欢这个功能，如我在上一段中描述的，它还将为你打开一扇进入演示新模式的大门。

如图 24 所示，从 PowerPoint 的"插入"菜单中找到"动作"设置，图标默认处于菜单的中间位置，大多数人不太在意，因此没发现这个功能。我一般直接使用菜单中的"链接"选项，也可达到目的。无论用哪种方法进入，都要特别留意，在众多选项中准确地找到想要跳转的特定幻灯片或者返回上一张幻灯片。

图 24　如何使用"动作"设置

提示 25：精简数字，越少越好

你的演示若涉及较为具体的细节，应当以会议资料的形式于会后全部分发给观众，以供他们仔细阅读，无论他们是否具备相关技术背景。演示时应该只使用那些有助于陈述你的故事的核心信息，因为如果有大量信息投影在屏幕上，观众会很难消化、理解。更糟糕的，也是我们反复强调的，是观众在阅读和琢磨幻灯片上的内容时，他们的注意力难以集中在你的讲述上。幻灯片上出现的数字越多，观众越有可能因为看不懂或不认同某个数字而偏离了你的重点。

假如你的公司每季度都要回顾五大核心产品的销售情况，并且你们使用一个标准的数据模板。在做演示时，你当然可以直接呈现大家习惯使用的表格，罗列出五大产品四个季度的销售额，这是最为简单的做法。只是如此一来，你在一张幻灯片上向大家呈现了 20 个数字，这还不包括几个汇总数字。但是，演示时你只需要针对某个特定单元格或几个相关单元格中的数字进行讨论。因此，建议你不要简单粗暴地把整个数据表格全部放到一张幻灯片上，而是重新设计，每张幻灯片只包含你想要展开讨论的数据。

这样一来，观众专注于你要讨论的重要信息，不会受到其他内容的干扰。即使有时候你需要讨论那个大表格中绝大部分单元格中的数字，也应当一次只显示和讨论其中几个，只有这样观众才能跟得上你的节奏，这种数据驱动的演示才能更加有效。你可以将完整的诸如 5×4 的表格放入附录中，并提醒观众可以从大家习惯的标准化数据表格中查阅所有数字。

图 25a 中展示了一张完整的 5×4 表格，标题则只陈述了一条重要的事实。尽管仔细查看表格，确实可以理解标题的含义，对观众来说却颇为费力。另外，你只能总结出一条重要事实，不能涵盖其他数字的意义。图 25b 则仅显示了与标题有关的数字，观众只关注于你要谈的内容。在第 6 章中我们还会讨论，你希望观众记住的信息该如何清晰地展示。

上一年度有机蜂蜜的销售额增长超过50%

（百万美元）

产品	Q1销售额	Q2销售额	Q3销售额	Q4销售额	年度销售总额
经典款蜂蜜	4.3	4.4	4.3	4.5	17.5
高端蜂蜜	3.1	2.9	3.0	3.1	12.1
有机蜂蜜	2.2	2.5	2.9	3.4	11
桃味蜂蜜	1.1	1.0	0.9	0.9	3.9
草莓蜂蜜	1.0	1.1	0.9	0.8	3.8
季度总额	11.7	11.9	12.0	12.7	48.3

图 25a　数据过多，无法看清重点

上一年度有机蜂蜜的销售额增长超过50%

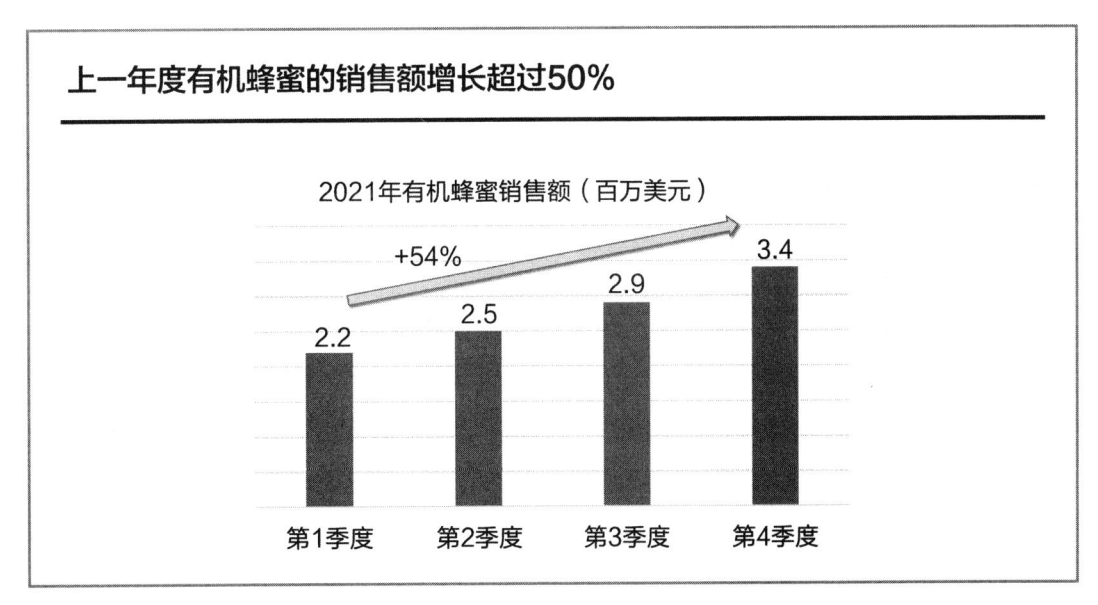

2021年有机蜂蜜销售额（百万美元）

+54%

第1季度	第2季度	第3季度	第4季度
2.2	2.5	2.9	3.4

图 25b　仅显示与标题有关的数据

第 2 章　规划篇：设计演示文稿 // 045

提示 26：区分技术价值和业务影响

我所处的行业比较重视数据的统计显著性，但是，如果想证明一项分析研究有价值、值得采取相应行动，那就还需指出你的研究成果具备什么商业价值和现实意义。如果观众觉得你的研究成果缺乏业务相关性，也无法据此执行什么具体行动，那便是空谈。这个道理适用于任何具备一定重要性的技术类项目。如果一座楼房外观丑陋、与环境格格不入，即使它的承重能力达到了预期的两倍又有谁会在意？

在进行数据驱动演示时，始终要从业务或实际应用层面来介绍和解释你的成果。也许我们有 99% 的信心可以确定某个产品的客户响应率会提升 10%，但是，如果实际上销售这一产品时必须附带赠品、必须付出双倍的销售成本呢？那么，即使客户响应率确能提升 10%，也无法弥补额外支出的成本。如此看来，统计学角度上的客户响应率提升并没有意义，因为从业务角度来看，这个提升影响甚微、缺乏可执行性，这是一笔赔钱的买卖，生意人会立刻否决。

是的，数据的统计显著性以及其他的专业性指标都很重要，但是除此之外，你还必须能够回答一些其他问题，例如：

采取或不采取你所建议的措施，分别会有怎样的代价？	可以带来多少额外营业收入？	新举措是否与公司的整体战略保持一致？
有没有足够的人手来开展必要的业务流程变革？	与哪些法律规范或行业监管准则有关？	

观众即使没有相关的技术背景，如果知道某些东西在统计学或技术层面上具有重要意义，会感到放心。但是，如果你不能明确地指出你的成果何以具备业务或实际应用层面上的价值，就不要指望他们能认真对待你的演示内容以及所提的建议。

> 注：本篇出自本书作者的著作《驾驭大数据》。

提示 27：向观众简要介绍演示的大概内容

在设计数据驱动的演示文稿时，首先要做的一件事情是整理出一个大纲，梳理好故事线，列出要向观众传达的主要内容，以及希望他们采取哪些行动，然后根据大纲撰写演示文稿。从一开始便向观众介绍你的大概内容，可以吸引他们的注意力——关于这一点，我们将在提示 28 中继续讨论。至于为什么要这么做，我们来看几个例子。

我们都知道，几乎所有的书在封底都有几段文字介绍，书内还会有前言之类的内容简介以及目录。这些都是为了让读者对这本书的内容有个初步感受：书里主要讲了什么、读者能有什么收获。很少有人会不先去了解大概内容，拿起一本书就直接开始阅读。

对电影或剧集来说，制作几个预告片是行业惯例。预告片会抓取一些能反映电影或剧集的故事线、风格以及基调的精华片段，集结成短片，以便潜在观众自行判断是否感兴趣。预告片不会透露过多情节，却也会给出足够多的镜头以便吸引观众。

同理，我们的演示也应该如此处理。你在进行演示时，是不是一上来就开始讲述，想当然地认为观众会坚持听到最后？这种想法是错误的。与书籍的内容介绍或电影预告片一样，你应该提前对要讲的大概内容做些说明。如果你充分了解了你面对的观众（见提示 5），听完你的初始介绍他们会感兴趣，会愿意听你讲完全部内容。也可能有些观众意识到你的演示不适合他们，那也没关系，他们可以坦然离场，而你没有浪费他们的时间，他们会感到高兴。

请注意：我们在这里讨论的不是一张列有"议事日程"的幻灯片，而是有选择性地告诉观众，你今天的演示核心主题以及主要结论是什么，或口头说明，或写在幻灯片上，抑或兼而有之。类似于一本书的封底介绍，你对要讲的内容做个简短的介绍，以吸引观众注意力。梳理内容概要这一过程，也会迫使你仔细推敲哪些内容最重要、最有吸引力；反过来，又会引导你对最初设计的大纲进行修改，从而形成一个正反馈循环。

提示 28：先推出你的最终建议

多年来，大家一直在争论是应该在演示一开始便推出自己的大创意及最终建议，然后再逐步展开，论述其原因；还是先因后果，娓娓道来，吊足观众胃口，把大创意及最终建议留到后面重磅推出。理想状况下，把大创意及最终建议留到最后是很合适的做法。然而，我们经常处于非理想状况下，比如观众可能必须提前离场、会受到某种干扰，或者我们需要应付太多问题以致时间不够，只好在最后几分钟内仓促抛出自己的大创意，草草收场。现实中还有很多其他不确定因素，我们的演示能否顺利完成，这些变数都会造成不利影响。

我的观点是，先行推出大创意及最终建议是最有效的演示方法。现实中，这样做有多个好处。首先，让大家清楚你的大概内容，如果你的内容非常有价值，让他们明白你的演示与他们的利益密切相关，那么他们必然会全神贯注地听你讲解。

其次，倘若有人因故必须提前离场，或者你的演示被过多的观众提问带偏了方向，观众也不会因此感到迷茫，因为他们知道你下面会讲什么。如果提前离场的人很清楚你要讲的内容很有价值，那么他们很有可能会再次约见你，再请你讲完。而假如在演示中途你被观众的问题打断，他们并不清楚最后你会讲些什么，便可能继续问下去，从而扰乱了你的方向和节奏。试想：你带着朋友去一家五星级餐厅并想给她一个惊喜，途中偏偏遇到严重的交通堵塞。如果她不知道你的计划，会建议你就近下车，找个附近的餐馆，避开交通堵塞。但如果你告诉过她你已在一家五星级餐厅做了安排，那么即便拥堵得再厉害，她可能也会愿意耐心等待吧。同样，如果观众知道你的内容值得他们继续与你探讨，他们定会愿意拨出更多时间来找你。

最后，如果你先果后因，根据观众对所透露信息的反应判断情况是积极的还是消极的，你可以调整接下来用在各个部分内容上的时间，把重心放在那些大家最感兴趣的领域（见提示 102）。有时候你会很意外地发现，你原以为观众很难接受的内容实际上很受欢迎，而一些你原以为较易接受的内容反而遭到了观众的强烈反对。

这里需要强调的是，你需要主动对观众进行有效管理，不要让他们在你一透露最终建议后就开始提出强烈质疑。马上说清楚，你会具体阐述提出这些建议的原因，恳请观众在反对前先来听听你的解释和说明，充分了解背景后再来考量建议是否合适。

还有一些例外情况，不适宜先推出大创意及最终建议，那就是大创意及最终建议极为政治化，或者属于敏感话题。在这种情况下，如果你没有清楚地阐述完整的故事背景，直接推出结论可能会立刻激发观众的不当情绪，现场很难把控，适得其反。举个例子，如果没有详细的背景说明，一上来便说"我们必须解雇 40% 的员工"，可以想象会有什么效果。最好是一点点地说明敏感状况，让观众慢慢消化、吸收，缓和情绪，最终才能达到目的。

提示 29：重点不要放在"做了什么"上

技术人员大多喜欢谈论他们的工作细节，以及从技术角度来看他们为什么这么做。但是现实很残酷，非技术型观众根本不在乎那些技术层面的东西，他们只关心你发现了什么，为什么你的发现对他们很重要，以及他们应该如何应对。

避免把重点集中在"做了什么"上，即你做了什么事，以及在技术上你是怎么做到的，而是集中在"为什么"上，即你要解决的是什么实际问题；还有"那又怎样"，即对观众而言有什么意义；最重要的是，对于"下面该怎么办"，提出一些具体建议。我们一一来看，这些内容如何理解。

"为什么"这一点包括几个方面内容。第一，你为什么要探讨这个问题？第二，为什么这个问题对观众很重要？第三，为什么观众能从你的发现中受益？

"那又怎样"这一点，指的是你的发现和信息为什么对观众有意义。你的发现具备什么商业价值？听了你的演示，对非技术型观众实现自己的目标有何帮助？要让观众明白，你的研究成果对他们利益攸关。

至于"下面该怎么办"，指的是要为观众提供具体建议和行动方案，帮助他们充分利用你的研究成果。不要期望非技术型观众自己去把碎片化信息串联起来，而是要替他们串起来，告诉他们接下来该采取什么具体行动（见提示 118）。

图 29a 是个反面示例，只关注了技术层面的"做了什么"，意义不大。图 29b 说明了"为什么""那又怎样"以及"下面该怎么办"，是不是更有说服力？

项目总结

- 我们创建了一个逻辑回归模型，用以预测客户购买饮料新品的可能性
- 我们使用这个模型，是因为它很适合此类二元结果的预测分析
- 根据我们的测试，与原计划的全线推进法相比，该模型的效率提升了25%
- 该模型的假阳性率和假阴性率都较低
- 我们尚有一些数据问题需要解决

图 29a 反面示例：重点过度集中于"做了什么"

新品味饮品将有3700万美元的市场机会

- 最近几次产品投放的效果不及预期，部分原因在于客户定位不准确
- 经过分析，我们找到了一种方法，通过对下一轮产品投放计划进行些许调整，有望令首年销售额提高25%
- 当前预测显示新口味饮品销量将增长25%，首年销售额将增加3700万美元
- 我们的团队已制定了一份高潜力客户名单，可供营销团队使用
- 市场投放流程已经建立，一经公司批准便可实施！

图 29b 正面示例：重点集中在"为什么""那又怎样"和"下面该怎么办"

第 3 章

制作篇：措辞和文本

尽管任何一场数据驱动演示都需要绘制各种各样的图形和图表——我们将在后面的章节中讨论图形、图表的绘制，但最重要的仍是幻灯片上的文本内容及其措辞，观众能否理解你的内容取决于此。观众通常都非技术出身，你应当使用他们能够理解的词句和表达方式，清楚、简洁地陈述你的要点。以下是本章要讨论的一些基本理念：

- 尽量精简幻灯片上的字数。
- 全力避免使用专业术语和词语。
- 确保观众能轻松看明白幻灯片上的所有内容。
- 解释清楚专业术语，并且使用时注意保持前后一致。
- 不要依赖自动拼写和语法检查。

最直接的做法是从目标观众的视角读一遍你制作的内容。假设这个观众完全不熟悉你和技术同行使用的专业术语和行话，确保你使用的语言不会让他们觉得是外语。如果你所在组织中最不熟悉这个话题的人都能看懂演示文稿的要点，那么无疑你就做对了。

提示 30：精简幻灯片上的字数

我们早在提示 3 中便开始强调，要让观众专心听你讲述的故事，而不是专注于你的幻灯片，在提示 6 中我们还谈到如何让幻灯片简洁明了、直截了当。要想做到这些，必须精简幻灯片上的字数。虽然这应该是一件显而易见的事，但我常碰到演示者在一张幻灯片上罗列出很多要点，却辩解说他已经删掉了很多内容。记住：比你一开始用的字数少，并不意味着就够好了！

这个方法是我个人多年来一直坚持使用的。通常我在一开始制作幻灯片文稿时，会直接用一个个长句子列出要点，完整地表达我的思路。接下来完善文稿时，我重点将句子一步步进行精简，最终留下最核心的字句片段，往往再经过几轮修改才会形成最终文本。

幻灯片是一种用于视觉呈现的文稿，不应包括你说话时要使用的完整字句，否则看起来会很奇怪，观众会觉得很啰唆。同时，如果你的讲述和幻灯片上的内容一模一样，那你听起来就像一台复读机。我们的口头表达与书面表达是不一样的，因此请充分利用这个特点，完全不用担心你讲出来的话与文稿里的字句不一样。

要将文本的字数精简到最少，很简单，可遵循以下几个步骤：

- 一开始准备幻灯片草稿时不用考虑字数限制。按图 30 中所示的第一步，完整地写下你的想法。
- 将演示文稿暂放一边数个小时或一个晚上。之后，按图 30 中所示的第二步，进行一轮修改。
- 反复进行上一个步骤，直至将文本精简为你最想表达的核心内容，如图 30 中的最终文本。目标是把文字缩小到一行，最多两行，且字体要足够大。

- **第一轮（随意版）**
  - 结果表明，由于B产品越来越受欢迎，我们应该减少对A产品的促销，增加对B产品的促销
- **第二轮（缩略版）**
  - 为了提升业绩，我们应该增加对B产品的促销，减少对A产品的促销
- **最终文本（精华版）**
  - 促销资金从A产品转向B产品

图 30　不断精练的要点

提示 31：使用简单的术语和释义

任何领域都有一些常用的专业术语和缩略语，观众可能完全不熟悉甚至费解。但因为专家很熟悉，所以很容易将这些术语直接放进数据驱动的演示文稿中，一点解释说明都没有。演示者很清楚某个概念，但不要忘了给观众提供一个能够理解的简单定义。

在我从事的数据分析领域，与响应模型的评估相关的术语包括准确率、召回率、灵敏度、特异度等。即使我是这个领域的专业人士，也常常要想一下才能记住这些艰涩难懂的术语中哪一个表示什么意思。我自己更愿意用直白的词语来表述这些概念。

灵敏度是指模型预测的真阳性率，特异度是指真阴性率。我完全搞不懂，人们为什么不直接使用真阳性率，却用灵敏度这个词。我喜欢举这个例子，因为特异度和灵敏度是我经常混淆的两个术语，因为它们听起来很相似，并且都与类似的概念有关。身为一名观众，你更愿意看图 31a 还是图 31b？我相信人们更容易理解并记住真阴性率的解释，而不是特异度。类似的例子，各行各业都有。

准确率	90%
灵敏度	92%
特异度	86%

图 31a　模型性能——专业版

正确分类百分比	90%
真阳性率	92%
真阴性率	86%

图 31b　模型性能——通识版

在制作演示内容时，要确保自己向观众解释清楚所有专业术语。在前面的例子中，大多数观众很容易理解真阳性率这个概念，却很难记住灵敏度一词，哪怕你做了解释。换成更简单的术语，对你、对观众来说都轻松得多。另外，你要随时观察观众的反应，如果台下观众露出一片茫然的表情，就有必要再做进一步解释了。

提示 32：请勿使用专业术语

提示 31 中说的是要使用简单的术语和释义。进一步来说，如果使用非技术型观众听不懂的专业术语，也会迅速让人丧失兴趣，尤其是考虑到观众往往一开始便抱有一定的成见，认为你作为技术人员，一定会讲得艰涩难懂。尽管这种成见不太公平，现实中却颇为常见。你若偏偏印证了观众的成见，便不能期望他们能耐心听你的讲述了。

很少有人会故意使用艰涩难懂的专业术语来为难观众，问题出在技术人员自己常用那些术语，便以为那是一些尽人皆知的常识，他们容易忘记观众可能不会像自己那样每天听到这些词语。我已经记不清有多少次，在我为客户提供咨询服务时，客户一直不停地念叨他们公司内部使用的专用语，我完全听不懂他们在说什么。他们并非故意让我难堪，不过是没有意识到我没有像他们那样每天接触这些词罢了。

如果有个人跟我不在同一领域，却一直对着我说些我听不懂的行业专用语，我会很恼火。相信你也有同样的感受。另外，喜欢满口说着专业术语来显示自己比别人聪明的人毕竟是少数，请不要做那样的人！

学会避免使用专业术语需要刻意地练习。在准备演示文稿时，强迫自己一遍遍地检查，找出需要添加解释或改变说法的地方。在商业演示中，我永远不会使用完全单调性或异方差性这样的词语，尽管实际上这些词具有重要的统计学意义！

提示 33：解释清楚特定术语的含义

在数据驱动演示文稿中，一方面要注意使用简单的词语，避免使用专业术语；另一方面，在用到一些特定术语时，要不断地进行解释说明。无论是显示在屏幕上还是口头陈述，只要使用特定术语，就要让观众明白它的含义。

如果你使用的是一个通用术语，可快速提示观众这个术语的意思。例如，在介绍某个中位数值之前，可以先说一句："要知道，中位点就是指围绕这个点，有 50% 的读数高于这个点，50% 的读数低于这个点。"本已明白的观众不会介意你再解释一次，而那些不明白的观众会对你心怀感激，如此他们就能听懂你要讲的内容了。如果你要介绍一种观众不熟悉的新指标，请单独用一张幻灯片，花点时间对这个指标的含义及用途另做解释说明。

另外，当某个术语有多个含义时，要让观众清楚你使用的是哪个含义。图 33a 中的示例显示的是某个产品的 margin 增长率。margin 的本义是利润，可这里的"利润"是什么意思呢？华尔街报告里使用的收益增长，公司的营收利润，还是产品团队计算出来的销售利润？在大公司中，margin 一词常用于很多不同场合，所表达的含义也不同。如果你不说清楚你使用的是哪个含义，人们会有各不相同的理解，从而产生困惑和误解。

推出新价格体系带来的影响

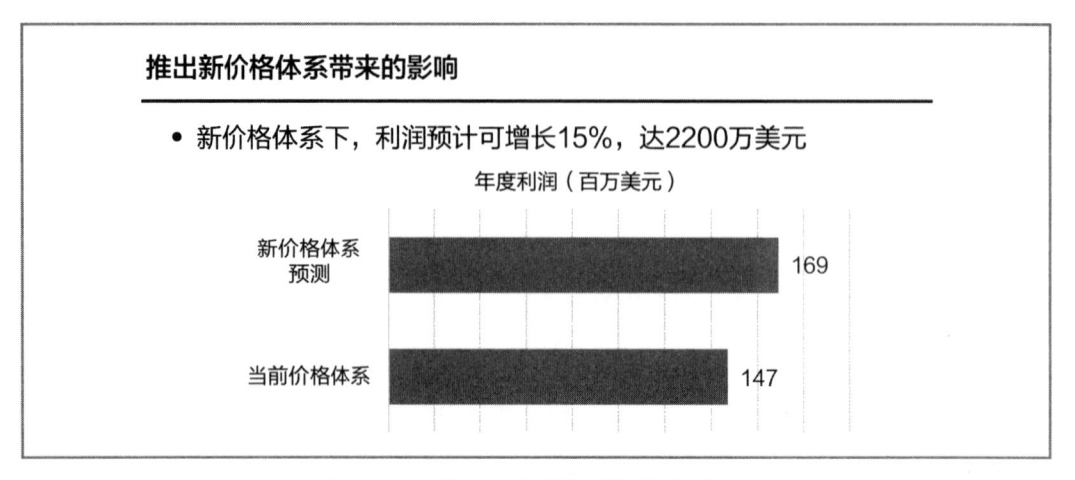

• 新价格体系下，利润预计可增长15%，达2200万美元

年度利润（百万美元）

新价格体系预测　169
当前价格体系　147

图 33a　示例——衡量指标的定义不清晰

图 33b 清楚解释了这里的利润指的是什么。当然，观众也会质疑此处这一解释是否恰当，但至少大家知道自己看到的是什么数据。不清不楚，势必会引发误解以及不必要的争论，影响你演示的进度和效果。

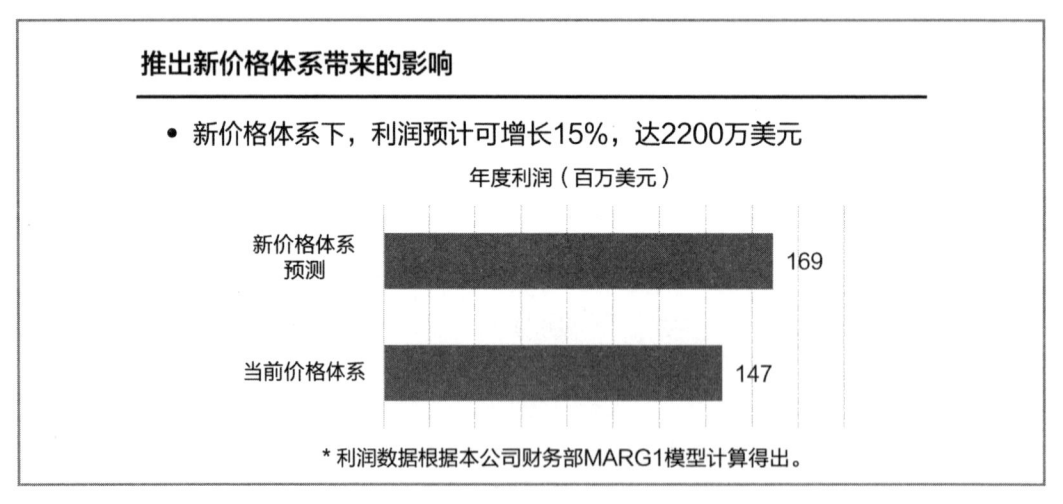

推出新价格体系带来的影响

• 新价格体系下，利润预计可增长15%，达2200万美元

年度利润（百万美元）

新价格体系预测　169
当前价格体系　147

* 利润数据根据本公司财务部MARG1模型计算得出。

图 33b　示例——同样的内容，增加了清晰的衡量指标定义

提示 34：同时使用数据的通识标签和系统标签

向观众展示数据时，使用的数据标签最好能同时满足技术型与非技术型观众的不同需求，这样可以使后来才看到演示文稿的人迅速掌握情况。另外，这也能让人们明白这些数字是如何计算出来的，如果有人希望让自己的团队进一步了解相关数据，便知道该怎么计算了。

一种极其常见的情况，是要展示一个大型数据集中某个子集的数据，例如，营业收入按交易类型、区域或产品分类。在每个场合进行演示时，都要用通识标签来标明数据属性，如大宗采购、东北地区和 A 产品。组织的内部系统可能还有一套标记数据的特定方式，如 Transaction Type（交易类型）=P，Region Id（区域代码）=NE，以及 Product ID（产品代码）=A。

如图 34 所示，同时提供系统标签和通识标签是个很有效的手段。系统标签直接显示出数据在系统中的检索方式，一目了然，接手你工作的人就轻松多了。不会去查询数据的观众会忽略系统标签，但对那些希望查询数据（或委托他人去查询）的观众，他们只要按照你提供的数据标签查询就对了。

图 34 的示例是在图表上列出了系统标签，也可以在页脚甚至注释页面中提供详细信息，以讲义的形式分发给观众。如果系统标签比图 34 中的更复杂，尤其应该采用这些方法。

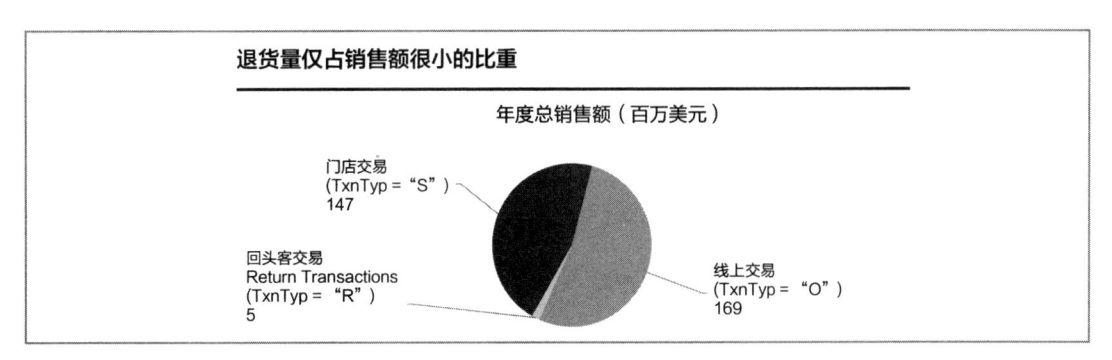

退货量仅占销售额很小的比重

年度总销售额（百万美元）

门店交易
(TxnTyp = "S")
147

回头客交易
Return Transactions
(TxnTyp = "R")
5

线上交易
(TxnTyp = "O")
169

图 34　使用系统标签的图表

提示 35：措辞要前后一致

在数据驱动演示中，措辞前后一致会让大多数观众感到舒服，因为这样他们能跟得上演示的节奏。整个演示材料中使用前后一致的措辞，可让观众更容易领会你表达的要点。

在我所从事的数据分析领域中，我们经常使用概率、比率之类的专业术语。其中，任何一个比率都可以用两种方式表示，例如，假如你有 100 美元，我有 150 美元，那么我可以说我的钱比你多 50%，也可以说你的钱比我少 33%。两种说法都是可以的，数学上也很正确。但是我们最好选择其中一种表达比率的说法，要么将较小的数字与较大的数字相比，要么将较大的数字与较小的数字相比，选定了一种，就统一这样用。其他类型的数字也一样。

图 35a 中的几个要点中，有的在谈响应率，有的在谈无响应率，这让人的思路很混乱。因为响应率是正面的，所以图 35b 只用响应率进行说明。图 35b 统一使用一种比较概念，各点的数据信息可直接进行对比，因此也更容易理解。在图 35a 这个示例中，尽管其中有两条内容讨论的是降低客户响应率，但是毋庸置疑，对响应率的增长与下降进行比较，肯定比在响应率增幅与无响应率增幅之间进行比较要容易得多。

- 支出在1万美元及以上=客户响应率增长10%

- 支出在100美元及以下=客户无响应率增长20%

- 高端会员=客户响应率增长10%

- 近期客户投诉=客户无响应率增长15%

图 35a　前后不一致的措辞让人混乱

- 支出在1万美元及以上=客户响应率增长10%

- 支出在100美元及以下=客户响应率下降20%

- 高端会员=客户响应率增长30%

- 近期客户投诉=客户响应率下降10%

图 35b　保持一致的措辞

第 3 章　制作篇：措辞和文本 // 061

提示 36：如果观众看不清，就不如不展示

我们经常需要在文档中注明参考文献名称、图片来源、指向详细信息的超链接等。这些内容在幻灯片中通常会使用很小的字体，以免分散观众对页面重点的注意力。在书面文档中，我们可以这样做；但是在实时的演示中如此呈现给观众，会让幻灯片页面看起来很凌乱。另外，观众如果看不清幻灯片上的内容，会使他们很恼火。

这里有个简单的法则：只要某些内容在屏幕上投影时观众看不清楚，那就不要放在上面。不要因为它们是辅助信息，就打破我们要在提示 37 中讨论的规则，把文字缩得很小。如果信息不够重要，不用让人都看得清，那么就不要放到幻灯片上。

解决的办法很简单：直接从用于实时演示的幻灯片上删掉那些小字，只在讲义或者备注版本中保留。这样一来，观众便拥有了他们需要的所有信息，但只是在他们真正需要的时候。图 36a 和图 36b 是同一张幻灯片带有支持性信息和不带这些信息的两个示例，图 36b 看起来整洁得多，所有内容都清晰可见。相信你并不希望观众在你演示时一个劲儿地去看那些额外阅读材料，所以请不要给他们这样的机会！

这条规则也有一个例外，那就是通常置于幻灯片底部的版权声明。万一有观众拍照或截屏的考虑，小小的版权声明是有必要的。即使人们根本看不清，也很清楚那是什么；如果他们收到别人发来的幻灯片截屏，就知道这个内容是受版权保护的。

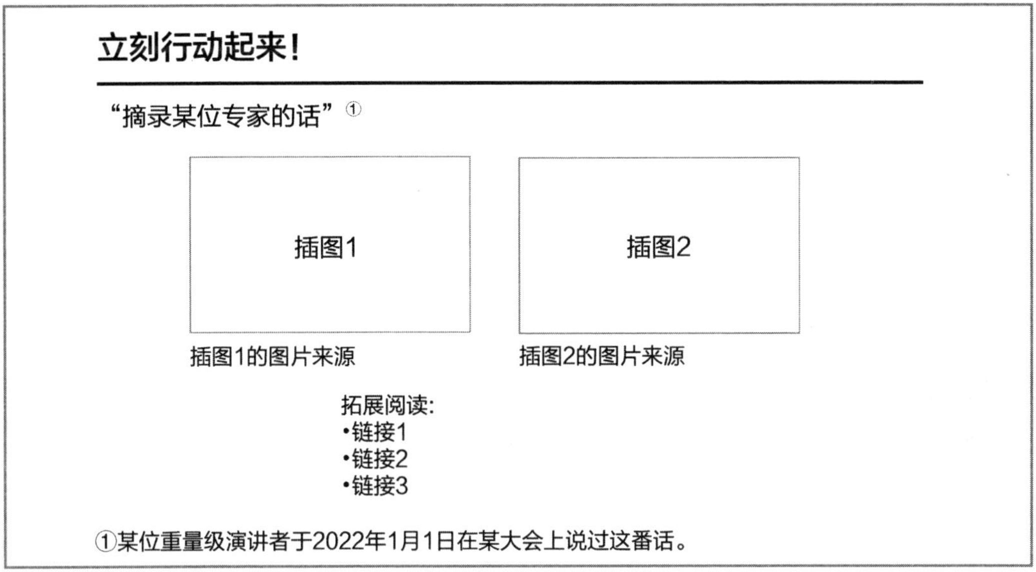

立刻行动起来！

"摘录某位专家的话"①

| 插图1 | 插图2 |

插图1的图片来源　　　　插图2的图片来源

拓展阅读：
- 链接1
- 链接2
- 链接3

① 某位重量级演讲者于2022年1月1日在某大会上说过这番话。

图 36a　看不清文字的幻灯片

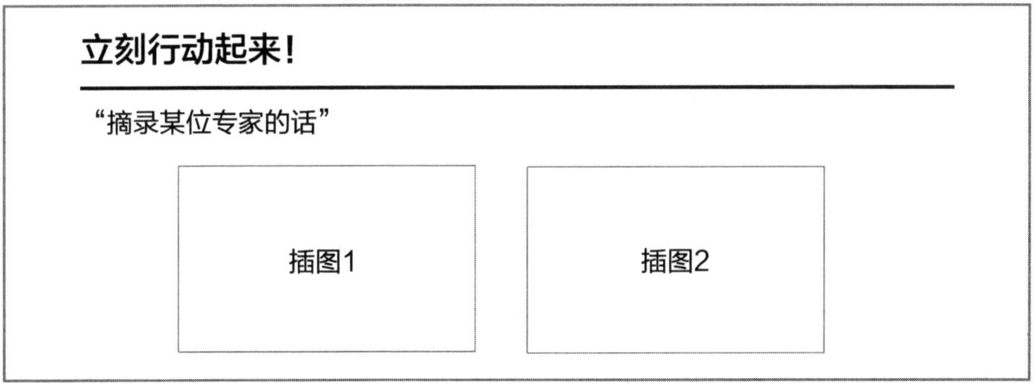

立刻行动起来！

"摘录某位专家的话"

| 插图1 | 插图2 |

图 36b　没有看不清的文字，幻灯片一目了然

第 3 章　制作篇：措辞和文本 // 063

提示 37：缩短文本，而不是缩小字体

可以肯定地说，如果幻灯片上填满了很多文字，看起来杂乱无章，必然削弱你的演示效果。有一个办法很可靠，可让你避免养成添加太多内容的坏习惯，那就是先确定好演示现场的屏幕上观众能看得清的最小字号，然后保证你幻灯片上的文字一定不小于这个字号。这样你就不得不运用提示 30 中的方法，尽量压缩你的内容了。

在决定最小字号时，尽量用大一点的，而不是小一点的。大多数时候我们使用的是 18 磅（三号）字号，按屏幕和会议室大小，用 20 磅（小二号）甚至 24 磅（二号）都可以。我们大多数人在工作中习惯于使用 12 磅（小四号）、14 磅（四号）和 16 磅（小三号）字体，如果你也一样，那么当你加大字号后，会发现一行能容下的字数会减少很多。

如果出现末行只有一两个字的情况，你可以稍微灵活一点，缩小一个字号，不过这也是较少的例外情况。直到你觉得每张幻灯片上实在没有可以删掉的文字了，那才说明你只留下了最想传达给观众的核心内容，如提示 30 中建议的那样。

如图 37 所示，切勿缩小字号来适应文本空间，应缩短文本内容来适应字号大小。

- 原文——太长了！
  - 如果因为文字太多而不得不缩小字号以适应文本空间，那么不是字号太大……而是文本太长了！
- 缩小字号——看不清！
  - 如果因为文字太多而不得不缩小字号以适应文本空间，那么不是字号太大……而是文本太长了！
- 缩短文字——好多啦！
  - 如果文字放不下，说明太长了！

注：本篇出自本书作者的博客文章《不要写出你的故事，要讲出来！》（国际分析研究所，2020 年 2 月）。

图 37　切勿缩小字体，要缩短文本

提示 38：间距要适当

不管文本的篇幅多大多小，我们都要确保便于观众阅读。提示 37 中谈的是关于一个要点中文本的长度，本篇要说的是各要点之间的间距。行距、段落间距以及各要点之间的距离一定要适当。如果像图 38a 所示的这样，间距太小，读起来很吃力，看起来也很糟糕。记住：一定要检查你使用的模板间距设置，因为有些模板默认的间距过于紧凑。

再来比较一下图 38b，读起来就容易多了，唯一的区别不过是它增加了带项目符号的各要点之间的距离。幸运的是，调整间距非常简单，在 PowerPoint 中，只需选定文本，单击鼠标右键，然后进入"段落"菜单。切记：行距一定不要小于"单倍行距"。我还会在各要点前后添加段落间距，加大要点之间的距离。我的习惯是段落前后的间距设为字号大小的 1/2 到 2/3，比如，如果你使用的是 24 磅字号（二号），就设置 12 磅到 18 磅的段前及段后间距。

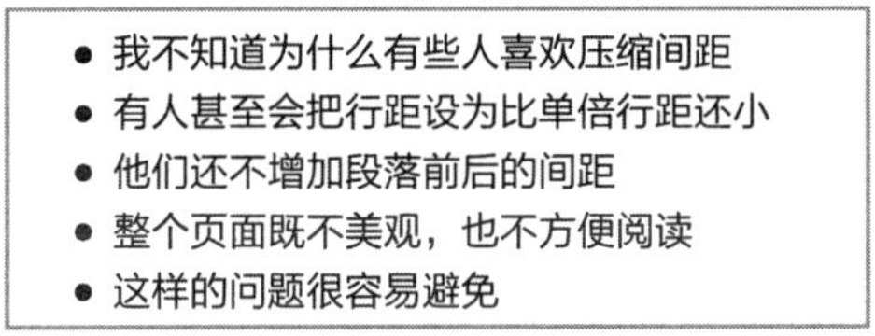

- 我不知道为什么有些人喜欢压缩间距
- 有人甚至会把行距设为比单倍行距还小
- 他们还不增加段落前后的间距
- 整个页面既不美观，也不方便阅读
- 这样的问题很容易避免

图 38a　间距过窄

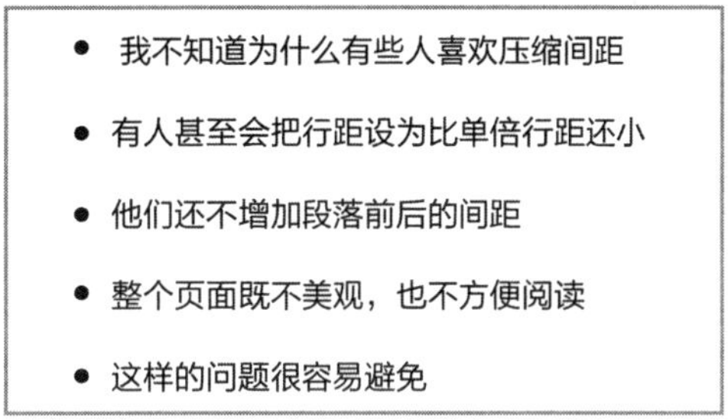

- 我不知道为什么有些人喜欢压缩间距
- 有人甚至会把行距设为比单倍行距还小
- 他们还不增加段落前后的间距
- 整个页面既不美观，也不方便阅读
- 这样的问题很容易避免

图 38b　间距适中

与提示 37 中的原则一样，如果你发现幻灯片上带项目符号的要点太多，不得不缩小间距，那么最好去掉一些要点，或者增加一张新的幻灯片。另外要注意：尽管这个设置间距的规则同样适用于整段文字，不过你在演示时，不会将整段的文字直接放进幻灯片上的，是吧？希望你不会！

提示 39：全篇使用相同的字体

人们喜欢保持前后统一的事物，数据驱动演示也是如此。如果演示文稿中出现许多种字体，尤其在一个页面上，会分散观众注意力，使其阅读不易。理想情况下，你应该在选定一种字体后，演示文稿通篇只使用这种字体。幻灯片页面保持一致性可令观众专注于你的内容，不会因留意到不同的字体而走了神。我们强调要尽量减少幻灯片上的文本字数，即使是很少的字数，字体保持一致也有好处。

使用某种特殊字体，不如相对常见的标准字体来得恰当。在商业场合，切忌使用某些异形字体。应该只使用那些方便阅读的字体，如英文中 Arial、Calibri，或者 Verdana。[①] 另外要注意：不同的字体占用的空间不同。

不过，如果在不同的特定位置分别使用两种或三种字体，也是可行的。例如，标题用一种字体，主文本用一种字体，图示标签、页脚或其他地方统一使用别的字体。标题使用不同字体，有利于进一步将标题与其他信息区分开来。在文本部分可统一使用相同字体，但借助粗体、斜体或两者都用来进行区分。

图 39a 中的示例，由于使用了不同的字体，看起来很混乱，难以阅读。这里我故意用这个极端的例子来说明这个道理。

图 39b 中尽管只使用了两种字体，但不同的要点之间来回切换字体，也让幻灯片整个页面看起来杂乱不堪。我经常看到演示者犯这样的错误，往往是因为他们直接剪切、粘贴不同来源的文本并且没太在意不同的字体，才造成这种结果。

因此，从其他来源选取了文本并粘贴过来后，务必检查一下字体。可以养成粘贴不加格

[①] 在中文环境中，华文彩云、方正舒体、华文行楷等都不适宜用于商业演示，建议使用常见的宋体、黑体。——译者注

式的原始文本的习惯,确保不会覆盖演示文稿的默认字体设置。

图 39c 全篇使用了前后一致的字体,看起来更干净、更整齐。

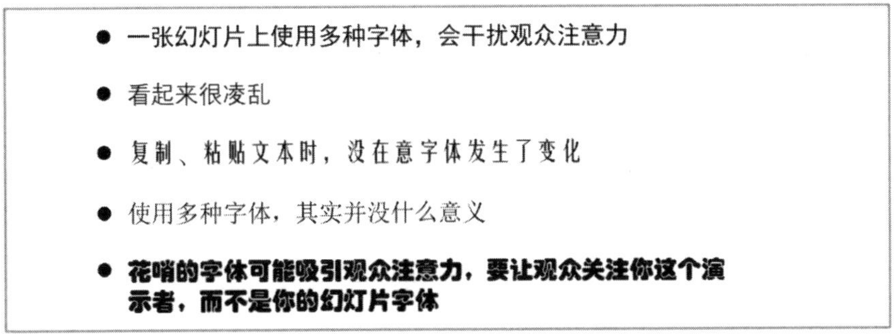

- 一张幻灯片上使用多种字体,会干扰观众注意力
- 看起来很凌乱
- 复制、粘贴文本时,没在意字体发生了变化
- 使用多种字体,其实并没什么意义
- **花哨的字体可能吸引观众注意力,要让观众关注你这个演示者,而不是你的幻灯片字体**

图 39a　字体太多,影响页面效果

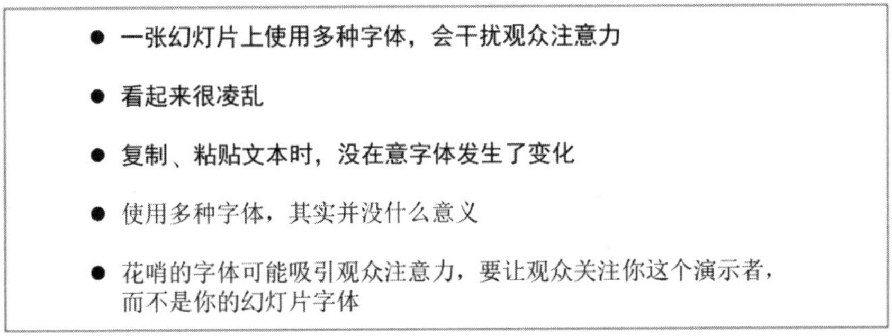

- 一张幻灯片上使用多种字体,会干扰观众注意力
- 看起来很凌乱
- 复制、粘贴文本时,没在意字体发生了变化
- 使用多种字体,其实并没什么意义
- 花哨的字体可能吸引观众注意力,要让观众关注你这个演示者,而不是你的幻灯片字体

图 39b　剪切和粘贴导致字体不同

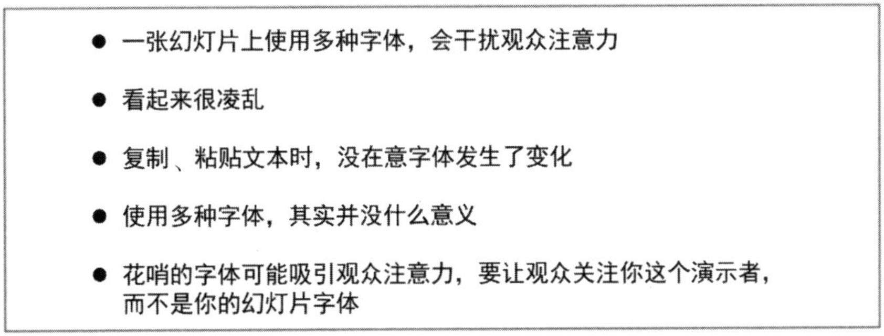

- 一张幻灯片上使用多种字体,会干扰观众注意力
- 看起来很凌乱
- 复制、粘贴文本时,没在意字体发生了变化
- 使用多种字体,其实并没什么意义
- 花哨的字体可能吸引观众注意力,要让观众关注你这个演示者,而不是你的幻灯片字体

图 39c　字体一致,页面干净、整齐

提示 40：小心字体缺失

如果你使用自己的电脑创建数据驱动的演示文稿，也用自己的电脑进行演示，那么字体缺失的问题就不会存在，毕竟如果你电脑里没有那种字体就不会用它。另外，大多数公司都会在员工的电脑上安装相同的字库，因此在组织内部分享文稿也不会出现此问题。但是，一旦使用组织外部的电脑，就容易出错。

如果将你的 PowerPoint 文件拷贝到另一台电脑，碰巧那台电脑没有你的字体，PowerPoint 会用默认字体直接替换。这个功能听起来不错，但要记住：不同的字体占用的空间不同（见提示 39）。如果替换字体的大小不同，标题以及主文本会在原来没有的位置换行，幻灯片页面变得凌乱，比如标题伸到主文本区域、文本隐藏在图形后，以及一些其他问题。

每次拷贝 PowerPoint 后，一定要检查文稿在另一台电脑上看起来是否正常。如果字体被替换了，幻灯片看起来很怪异，你有以下几个选择：

- 将新电脑上的字体更改为与原来大小相近的字体，以便所有文本都能正常显示。
- 稍微缩小受到影响的文本字号来做调整。通常只有一两个字词会换行，所以稍微缩小字号便能解决。但请记住提示 37，一定要缩小一点点！
- 拉大受到影响的文本框，让文本不要伸出文本框之外。
- 用 PDF 而不是 PPT 演示。PDF 文档不依赖本地字库，因为 PDF 已将字体嵌入了文档中。不过你便无法演示动画了。
- 最后一招，使用自己的电脑进行演示。只不过有些场合可能不允许你这样操作。

我看到演示者的文稿上缺失字体时，大多数都是演示者开始演示后才发现问题的存在。

我自己也出过这样的糗。幻灯片上一团乱，除了道歉和做个鬼脸，此时啥也做不了。图 40 是个字体缺失的例子，幻灯片页面完全被破坏了。使用原来的字体，根本不会出现这样的情况。

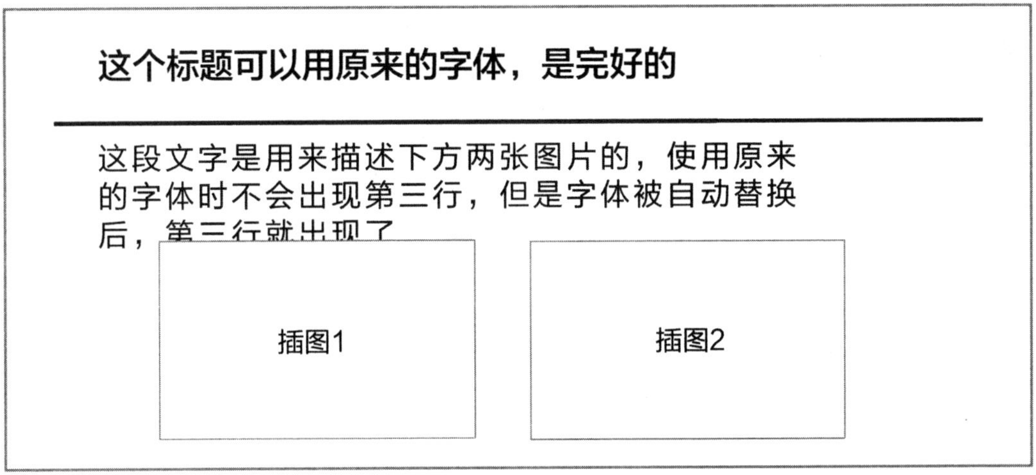

图 40　丢失字体的影响

提示 41：议程上列出的每一项议题都要讲到

尽管这是显而易见且应当避免的失误，但我确实见过许多演示者一开始展示了一个议程，结果其中某个甚至多个项目都没有讲。对那些很认真听你演示的人来说，这不仅会让他们感到困惑，怀疑自己是否漏听了什么，还会降低你的专业度，令你的数据驱动演示显得不完整甚至杂乱无章。

出现这样的问题，往往是由于在最终版本生成之前，你反复对草稿进行了修改。我们一般会最先列出一张议程幻灯片，在反复看了幻灯片无数遍后，就很难有新的眼光挑出错处了。如果某个项目最初列在了议程上，后来你决定删掉这部分内容，会很容易忘记返回议程幻灯片并调整过来。

在图 41 中，议程中包含了一项议题，将今天的结果与最近另一个项目的结果进行比较。也许是这样的比较有尊己卑人之嫌，或者时间不够，这部分内容被删除了。但这一议题不应该留在议程中，也必须删除。

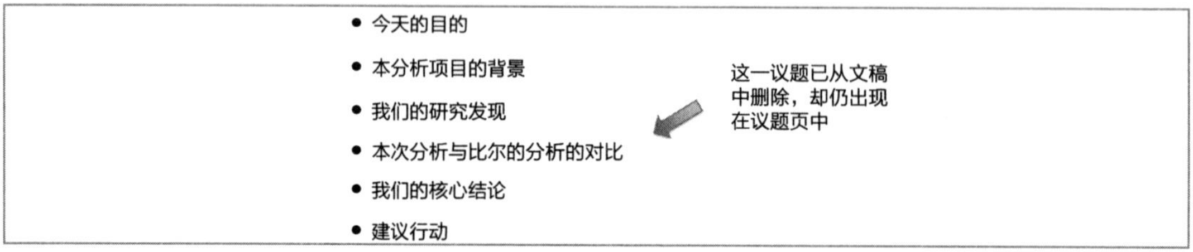

- 今天的目的
- 本分析项目的背景
- 我们的研究发现
- 本次分析与比尔的分析的对比 ← 这一议题已从文稿中删除，却仍出现在议题页中
- 我们的核心结论
- 建议行动

图 41　今日议程

由此引申一下，如果你重新排列了议题内容的顺序，也要确保议程中各议题的顺序是正确的。为了避免出现此类错误，必须在完成演示文稿后，再次检查那张议程幻灯片上的内容。

另外，你需要利用议程来让观众掌握你的演示进度。我们将在提示 42 中讨论这一点。

提示 42：每讲完一项议题就告知观众

在你按提示 41 中所说，逐一讲述了议程中每一项议题，还必须让观众明确知晓你已涵盖各议题的内容了。你当然不希望观众必须自己默记你讲了哪些内容，也不想让他们自己去看讲义，查看是不是每项议题都听到了。

要想让观众知道你正在讲某项议题，最简单的办法是给与这一议题相关的内容做一个清楚的标记。如果某项议题只有一张或两张幻灯片，可直接用标题明示，如图 42a 所示；如果一项议题要用多张幻灯片来阐述，可单独使用一张节标题幻灯片，如图 42b 所示。

除非你的演示非常简短，每项议题都只有一两张幻灯片，否则最好使用节标题幻灯片，那样效果更好。无论是用于实时演示还是作为会议资料的打印版，节标题都能清楚标示每个部分的内容。用插入节标题的办法，还可以腾出幻灯片标题的宝贵空间，另作他用。

增加了节标题幻灯片，必然会增加幻灯片总页数，但是你要在意的是演示时效，而不是幻灯片页数，这一点我们会在提示 87 中再做讨论。在实时演示时，你可快速地翻过节标题幻灯片，这个动作所花的时间可以忽略不计，但你提示了观众留意接下来的内容，因此多一张幻灯片是物有所值。

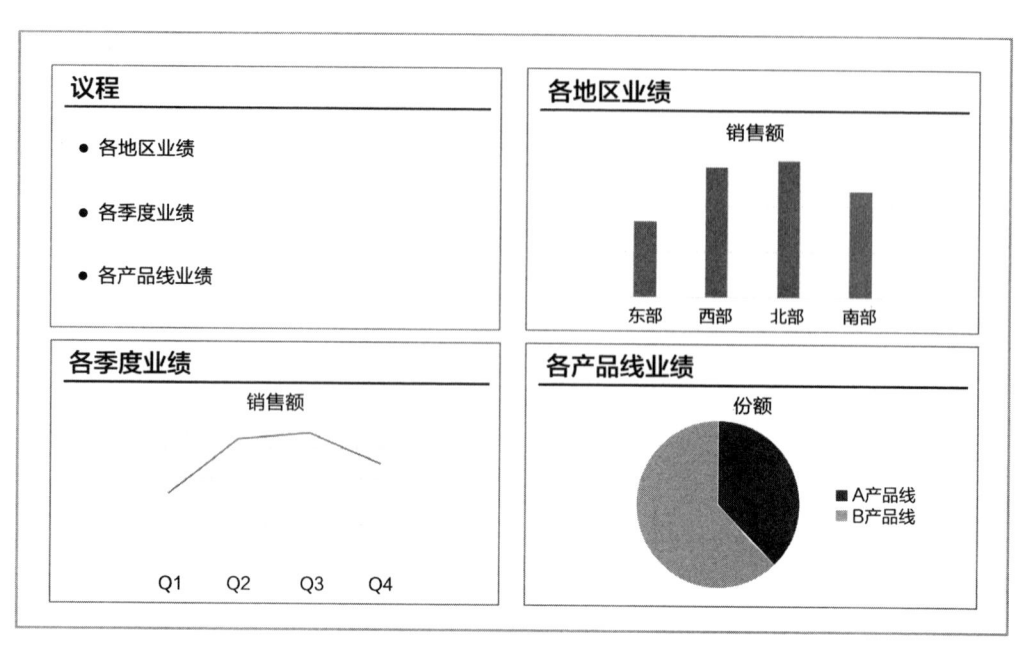

图 42a　如果各议题内容很少，可在标题上列出议题名称

图 42b　如果各议题内容很多，可插入节标题幻灯片

提示 43：不要过度依赖拼写检查功能

说起避免拼写和语法错误[①]，你应该不会觉得不值一提。如果屏幕上出现了拼写和语法错误，会大大降低你的专业度，相信大家都认同这一看法。但是，这种失误仍然屡见不鲜。

出现这种错误的一个原因，是许多人过度依赖自动拼写和语法检查功能。如今许多自动化工具都十分好用，却并不能保证万无一失。更有甚者，如果你过分依赖这些工具来检查、校对你的文稿，久而久之，你会变得越来越懒惰。

我有个习惯，属于老生常谈，那就是我总会把写好的东西放在一边，过几个小时后再回来看。我带着新鲜的眼光再来看所写的内容，不仅会按提示 30 中所说的那样进行整理、精简，还会重点检查拼写和语法错误。我发现，即使是一篇相对简短的博客文章，我也需要至少一两次选择"忽视"自动生成的拼写和语法建议，这意味着上百个字的文章至少要"忽视"一个拼写和语法建议。这可不少！图 43 中有几个示例，如果你接受电脑自带的拼写和语法检查建议，必将误入歧途。

还要注意，在探讨技术性内容时，你经常会使用一些行业专用词语，这些词语可能并不常见，电脑的拼写检查词典里根本找不到。所以为了确保单词拼写正确，还需要你亲自进行检查。当然还要提醒，此类专业词语要慎用，我们在提示 32 中已经探讨过。

---

① 本篇提示关注的拼写和语法检查，在英文文本中使用更为典型，在中文语境中对应的是错别字和不通顺的句子。下面的示例，也沿用了英文示例，以显示本篇内容表达的意思。——译者注

- **The data is bad. The data are bad.**
  - 关于data（数据）一词是单数还是复数形式，有很多争论。这两种形式，拼写检查功能都认可，因此你很容易用错。

- **It doesn't matter what Bill say about it.**
  - 此处的say应该是says，语法检查未能识别。

- **We need some MAJIC to fix this.**
  - 全部大写的单词，电脑默认不会进行语法检查。

图43　拼写和语法检查结果不正确

提示44：图表或图形中的拼写错误一大堆

在处理图表或图形时，你必须特别当心！拼写和语法检查软件不会扫描这些内容，因此，如果不逐个手动检查，你所犯的错误就直接展现给观众了。

我不止一次犯过此类错误，创建了一张图表，输入了一个错字，直到演示时才发现，有时候是被观众发现的，就更让人尴尬了。因此除了常规地检查文本内容，你还应当格外留意图表或图形上有没有错误。为避免出现令人尴尬的错误，必须亲自逐一检查上面的每一个字。

在图44的示例中，我有意放上许多错字，出现这么多错字属于不正常现象，但电脑的拼写和语法检查，连一个明显错误的提醒标记都没有提供！

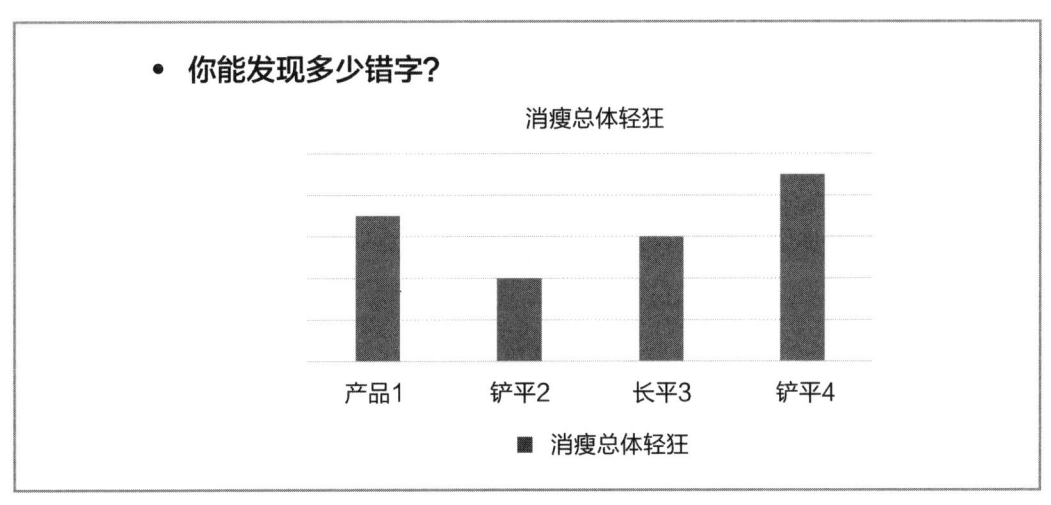

- **你能发现多少错字?**

消瘦总体轻狂

产品1　铲平2　长平3　铲平4

■ 消瘦总体轻狂

图44　图形中的拼写或语法检查没有起作用

提示 45：留心拼写正确的单词用错了地方

还有一个易犯却极难发现的错误，那就是拼写正确的单词用错了地方。这种失误之所以尤其难以识别，有两个原因：其一，是电脑的拼写和语法检查功能发现拼写正确，因此判定其为准确；其二，在阅读所写的东西时，你的大脑会倾向于看到你想说的东西，而不是你实际上说了什么。即使是手工校对的人员也会漏掉这种错误，因为他的大脑会直接把当前的单词当成理应正确的那个单词了。

除了仔细校对演示文稿中的所有内容，要想挑出错用的单词别无他法。有人教过我一个办法，那就是反着检查内容，从下到上、从右到左，更容易找出此类错误。反着阅读时，正常的逻辑顺序没有了，你的大脑便能将每个单词和短语看作一个个独立的存在了。

图 45 列举了几种较为常见的拼写正确却用错地方的单词类型。

- **换成了形似、义不同的单词**
  - "We need to insure" instead of "We need to ensure"

- **纯粹用错了单词**
  - "He really perspiredus" instead of "He really inspiredus"

- **手滑，误用一个常见词**
  - "Which in term led to" instead of "Which in turn led to"

图 45　留意拼写正确却用错了地方的单词

提示 46：文本应当保持横向

我们习惯于横向阅读文本。事实上，日常生活中非横向的文本，我们很少见到，因此我们的大脑很难接受阅读倾斜或者旋转了一定角度的文本。我们偶尔遇到的呈不同方向排列的文本，那便是在图表和图形上。

图表纵轴上的文字从上到下呈 90 度纵向排列，这种情况并不少见。或者将文本旋转 45 度，以便在可用空间中容纳更多的字。然而，为了便于观众阅读与理解，我们最好横向排列文本，避免使用其他形式。这也意味着要避免使用无法横向排列文本的图表和图形。

图 46a 很典型，两个图形呈现方式都欠佳：第一个柱状图下方标签呈斜状分布；另一个图文本呈纵向排列。这两个版本都比图 46b 更难阅读，图 46b 不过是使用了一个横向的条纹图，这样标签便也可以横向显示了。

你给观众的大脑施加的负荷越少，他们就越能专注于你和你讲述的故事。我相信观众一定会觉得图 46b 比图 46a 中的两张图都更容易理解。

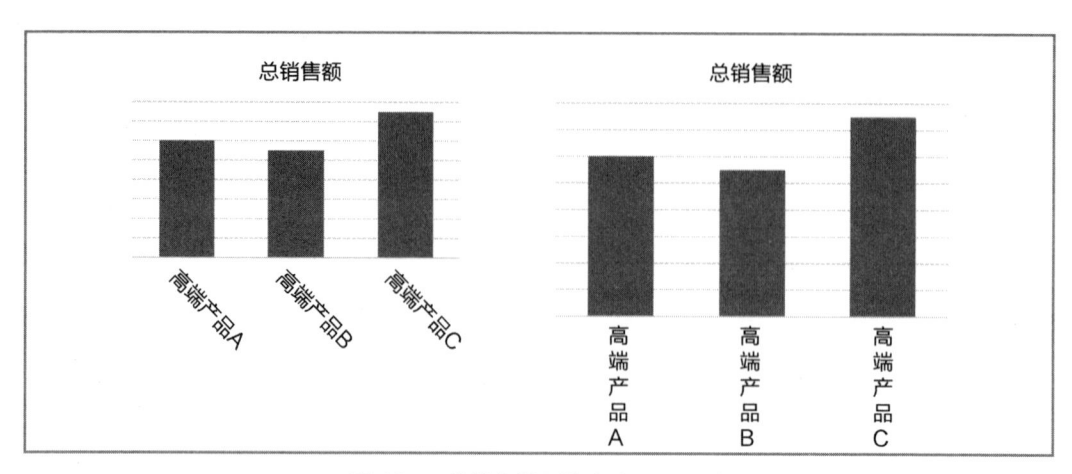

图 46a　非横向排列的文本不易阅读

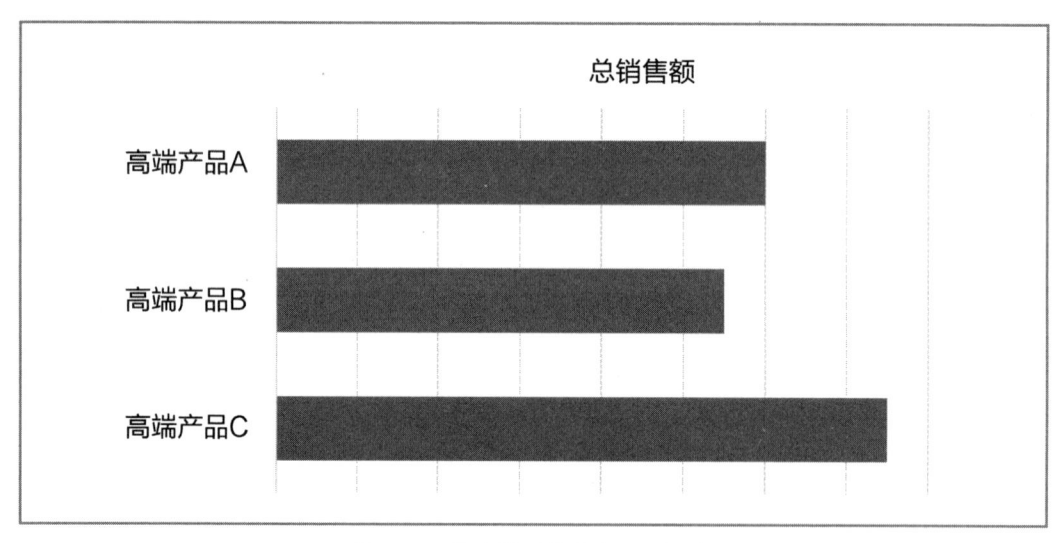

图 46b　横向排列的文本更易阅读

第4章

制作篇：数字与标签

对数据驱动演示而言，数字的地位当然至关重要。你要用数字说话，用数字解释你所做的工作、说明你的研究发现、量化这些发现的潜在影响。本章讨论的是如何用对观众友好的方式呈现这些数字。以下是本章要讨论的一些理念：

- 要选择合适的数字精确度。
- 所有数字都要有清晰的标签。
- 检查数字是否合乎情理。
- 根据不同的语境设置不同的数字格式。
- 明确标记图表的刻度。

本章将介绍一些简单的技巧，帮助你通过呈现的数字有效传达你的信息，同时最大限度地减少观众消化、理解信息所需的精力。你的目标应该是用尽可能少的数字向观众介绍你的研究所揭示的某种趋势、某种规律以及某种影响。

演示文稿中数字的标签、格式，可极大影响其外观以及观众理解其内容的效率。当然，演示文稿看起来越漂亮，越有助于观众理解，演示就越能获得成功！

提示 47：数字的精确度要保持统一

向观众呈现数字时，你一定希望让观众尽可能轻松地消化这些数字的意义。做到这一点，一个办法是确保表格中各行各列的数字格式统一。同类数据同时使用多种格式，会扰乱观众思路，影响阅读。

请注意：相对于使用什么格式，选定一种格式、前后统一更为重要。保留小数点后一位还是两位？虽然越少越好，但如果两者皆可，你只要选定一种，然后保持一致就对了。

在图 47a 中，各农场的甜瓜重量采用了不同格式的数字，很影响阅读。而图 47b 中的所有数字都四舍五入至十分位。统一的数字格式，更方便人们阅读数据、比较不同甜瓜之间的区别。

这一概念适用于各种数字，比如要么选择美元及美分、要么仅显示美元，日期统一为 MM/DD/YYYY 或 YYYY-MM-DD 格式，表格中数字选择左对齐、右对齐或者居中对齐。无论是什么，保持一致就好。

有时候某一列数字需要用不同的精确度来反映不同的测量对象，那么这列数字也可以用更多的小数位数来表示（见提示 49）。例如，一个人的身高可以精确到英寸[2]，但牙齿的大小可以精确到英寸的十分位。这种情况下，应当确保各列的数字保持统一。

---

① 1 磅 =453.592 37 克。
② 1 英寸 =2.54 厘米。

瓜果农场的产量

农场	西瓜的平均重量（磅①）	蜜瓜的平均重量（磅）	甜瓜的平均重量（磅）
比尔的农场	20	5.326	3.95
乔的农场	21	6.593	4.47
苏的农场	22	5.718	5.13
帕特的农场	20	5.935	4.86

图 47a　精确度不统一，表格看起来不整齐

瓜果农场的产量

农场	西瓜的平均重量（磅）	蜜瓜的平均重量（磅）	甜瓜的平均重量（磅）
比尔的农场	20.4	5.3	4.0
乔的农场	21.2	6.6	4.5
苏的农场	22.9	5.7	5.1
帕特的农场	20.7	6.0	4.9

图 47b　精确度统一，表格更整齐

第 4 章　制作篇：数字与标签

提示 48：只选用必要的精确度来表达观点

人们喜欢使用很精确的数字，这并不是坏事。但是不要让对精确度的偏爱影响了你数据驱动演示的初衷。有些时候你需要把数据精准到特别精确的水平，但这并不意味着你也要演示到这种程度。过于精确往往会分散注意力，也没有必要。

例如，我们经常会对比两种产品的销售情况。你可能会拿到财务部核实过的精准到分的销售额，做一张数据对比幻灯片。但是，在大多数情况下，用这种级别的数据会让图表看上去很复杂，反而增加观众理解的难度。

图 48a 显示的销售额数据精确到了分，百分比也精确到千分位，表格的列宽都被拉长了，还要让观众比较这么复杂的两个数字。演示者其实想表达的是好味产品的销售额大约是差味产品的 5 倍，但其实销售额没有必要精确到分，百分比也没有必要精确到千分位。

图 48b 以百万美元和整数百分比表示，表格没那么长了，理解、比较数字也不那么费脑了。想要表达的观点也很清晰、简洁。数字以百万为单位，更短、更容易理解，这样的精确度足以表达观点了。

决定选用哪种精确度的一个最优准则，是判断换一种精确度是否有可能对决策产生影响。

好味产品的销售额是差味产品的5倍

（美元）

产品	2021年销售额	2021年销售额占比
好味	509 274 185.45	83.438%
差味	101 090 925.81	16.562%

图48a　数字过于精确，会分散注意力

好味产品的销售额是差味产品的5倍

（百万美元）

产品	2021年销售额	2021年销售额占比
好味	509	83%
差味	101	17%

图48b　精确度低一些往往更有效

提示 49：精确度与准确度要匹配

无论使用何种仪器进行测量，都可以达到一定的精确度。例如，用眼睛读数的卷尺大概能精确到 1/4 英寸，而用激光测量可以精确到 1/1 000 英寸。如果你显示的数字保留到小数点后三位，观众会认定那个数值确实精准到这个程度，所以，你必须确保它真的如此准确。

如果你使用统计学或机器学习模型做预测，便可能产生精确程度的问题。模型中各项参数存在误差，因此最终的预测结果也会出现误差。比如，对即将举行的促销活动将提升多少销量进行预测，哪怕再优秀的模型可能也只能精确到几个百分点以内，精确到 1/1 000 是不可想象的。图 49 中第一个例子的百分数小数位数那么多，肯定不合适。

为了确保观众能够正确理解特定语境下的数字表达的意义，一定要进行四舍五入，符合需要的准确度。一些标准软件工具生成的数字通常默认包含许多小数位数，不能原封不动地照搬使用。图 49 中第二个例子便是将预测结果四舍五入，数字看起来更加现实一些。

如果预测的不确定性很高、准确度颇低，此时可以考虑用一个区间来表示，这有助于观众正确解读数据，使他们意识到你能做的最好结果就是提供一个稍宽泛的范围。图 49 中最后一个例子便清楚地表明不确定性的存在。

另外，要记得留意数字在技术层面以及业务层面的不同呈现要求，二者的区别我们已经在提示 26 中谈过。

数据很难准确到精确度要求的那个程度。

- 响应率预测：10.245 3%

数据的准确度往往是粗略的。

- 响应率预测：10%

如果不太确定，可用一个区间表示。

- 响应率预测：9.8% ~ 10.6%

图 49 精确度可反映对数据的信心程度

提示 50：一定要设置数字的格式

无论何时使用数字，都要设置显示格式。例如，使用分隔符来帮助观众理解大数字，不要直接写 7535223 或 $2720659，而是写成 7 532 523 或 $2 720 659。大于四位数的数字，如果没有分隔，观众几乎不可能看得清楚、解读明白。此外，用了分隔符，观众能够快速判断数字的大小，数百万、数十亿等，对数字的量级能够快速做出比较。

许多技术软件包都会默认输出原始数字，因此把数字导入表格或图形时，需要你自行设置适当的格式。设置格式操作起来非常简单，只不过人们很容易直接剪切、粘贴电脑软件导出的数字，忘记调整格式了。你肯定不喜欢别人给你看一长串没有间隔的大数字，己所不欲、勿施于人，也不要让你的观众看到这样的数字！

图 50a 是一个简单的图表，其中的数字没有分隔，看起来很复杂。图 50b 是一模一样的图表，数字用分隔符进行了处理，看起来舒服多了。不过，数字太复杂了，违背了提示 48 中的建议。除非应某种特殊需求必须显示更精确的数字，否则图 50c 更好，因为这里的数字更容易解读和进行比较。

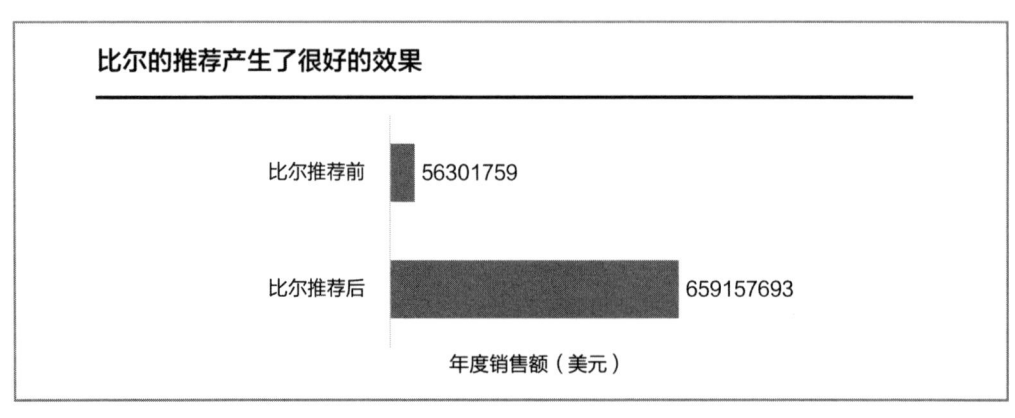

图 50a　没有设置数字格式，很难看清楚

比尔的推荐产生了很好的效果

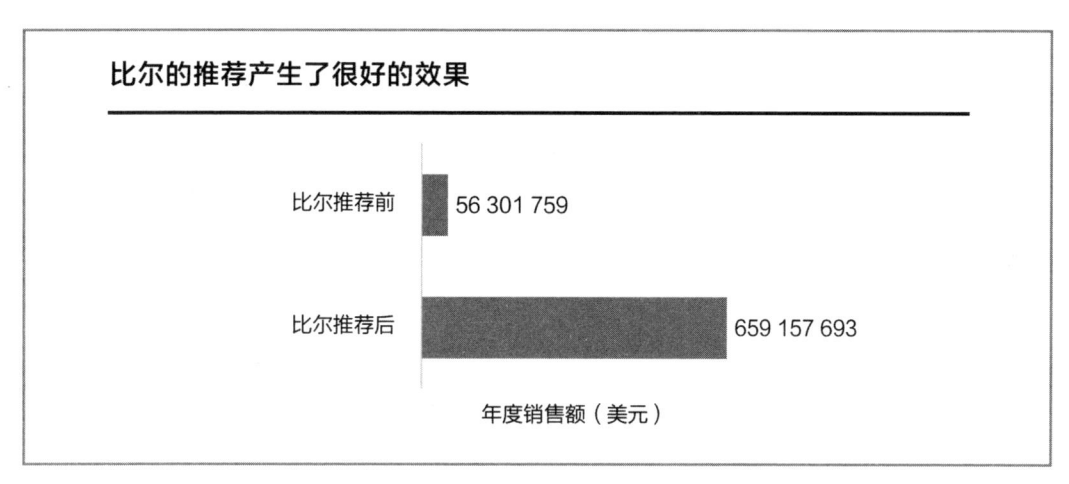

比尔推荐前　56 301 759

比尔推荐后　659 157 693

年度销售额（美元）

图 50b　设置了格式，但太精确了，没有必要

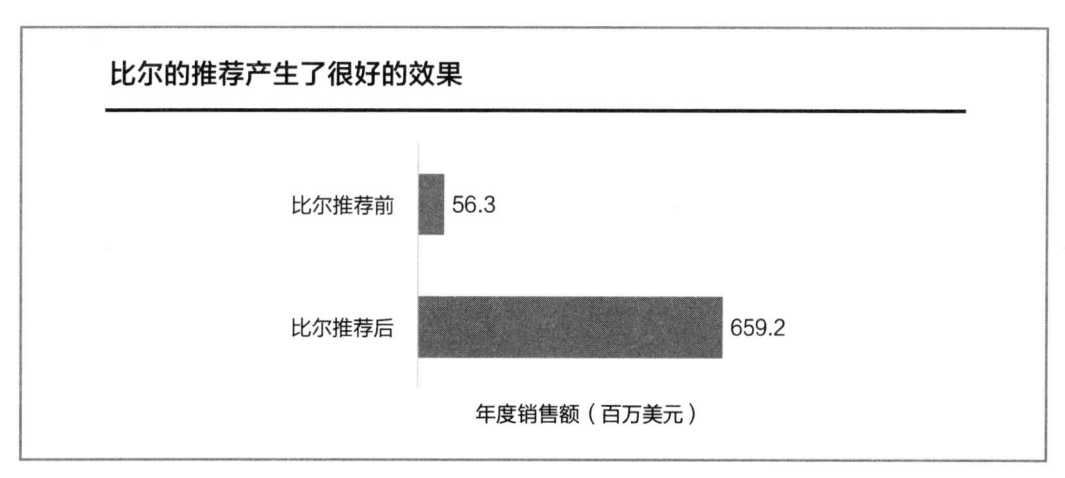

比尔的推荐产生了很好的效果

比尔推荐前　56.3

比尔推荐后　659.2

年度销售额（百万美元）

图 50c　这个版本简洁得多

提示 51：始终用百分数表示百分比

这一条很容易记住，也很容易操作。切勿用常规数字表示百分比，例如 0.53 或 0.746，始终用百分数表示，例如 53% 或 74.6%。首先，小数比百分数更难读。其次，使用 % 符号时，人们会立即明白这是个百分比，是个比率；如果不使用 % 符号，观众必须寻找其他线索，例如看这一列的标题来判断他们看到的数字表示什么含义。

正如提示 50 中所说，许多技术软件包会默认输出原始数字。因此，把数字导入表格或图形时，需要你自行设置百分比形式。这个设置操作起来非常简单，只不过人们很容易直接剪切、粘贴电脑软件导出的数字，忘记调整格式了。我看到过许多用常规数字表示百分比的演示文稿，每次都让我很困扰。

不过，这一规则也有一个不多见的例外情况，在金融行业，人们提到利率或利率差时通常用基点而不是百分比来表示。

图 51a 是一个简单的表格，用常规数字来表示百分比。你应该能发现，在图 51b 中很轻松就能看出礼物和成绩之间的关系，而这个表唯一的不同是数字用的是百分数。

有个可疑的情况

学生类型	得"A"的百分比	得"F"的百分比
成绩优异的学生	0.732	0.002
课堂上常打瞌睡的学生	0.295	0.471
经常翘课的学生	0.153	0.893
给比尔买礼物的学生	0.999	0

图 51a 数字用这种格式很难看得懂

有个可疑的情况

学生类型	得"A"的百分比	得"F"的百分比
成绩优异的学生	73.2%	0.2%
课堂上常打瞌睡的学生	29.5%	47.1%
经常翘课的学生	15.3%	89.3%
给比尔买礼物的学生	99.9%	0%

图 51b 很容易看出比尔的礼物有猫腻

提示 52：数目和百分比都列出来

你是否希望一次性向观众演示清楚你的内容，减少他们会后索取信息的需求？如果你希望如此，就一定要同时列出实际数目及其百分比。比如，如果你要说明所在地区各家门店的订单量，就要记得把各门店的订单百分比一同列出；如果要介绍各产品的销售额，还要把各自对应的百分比分别标出。反之亦然：如果要列出各产品销售额占总额的百分比，也要一并列出对应的金额。

一般来说，人们要么问你数目、要么问你百分比，事实上他们也希望了解没有明说的那部分信息。两种数字都提供并非难事，还能为观众提供额外信息和相对应的背景。大多数分析结果默认会提供各项小计或总计以及各项目对应的百分比，用一个数字推算出另一个也很容易。因此，演示时始终默认包含这两种数据，因为没什么理由不这样做。

百分比数字也可能存在一个问题，由于四舍五入，最后的总数可能是 99.9% 或 100.1%。非技术型观众往往很难接受。因此，可考虑手动调整接近 0.5% 断点的那类数字的四舍五入值，将百分比总数精确到 100.0%。

图 52a 这个示例只显示了各门店的销售金额，人们马上会对各门店对应的百分比产生好奇，是吧？图 52b 同时列出了销售金额及各自的百分比。除非你有充分的理由，否则直接参考这种方法，因为观众愿意看到，同时能避免没必要的疑问。

各颜色服装的销售情况

（千美元）

服装颜色	Atlanta 品牌服装总销售额
灰色	123
蓝色	145
紫色	5
黄色	2

图 52a 你难道不是也想看到对应的百分比吗

各颜色服装的销售情况

（千美元）

服装颜色	Atlanta 品牌服装 总销售额	Atlanta 品牌服装 销售额百分比
灰色	123	44.7%
蓝色	145	52.7%
紫色	5	1.8%
黄色	2	0.7%

图 52b 加上了百分比，图表看起来更标准

提示 53：切勿使用科学记数法

科学记数法自有它的用途，非常适用于处理庞大的数字和复杂的数学问题。在数据驱动演示中科学记数法却不太合适，尤其是在向非技术型观众做演示时。原本很容易懂的数据，一旦用上了科学记数法便让人费解了。如果你不相信，想一想 12345 与 1.2345E+04 相比，哪一个更容易懂？两者表示的数字是相同的，但用上科学记数法就不直观了。

科学记数法之所以能出现在演示文稿中，最主要的原因是一些常见的软件包在创建图表和图形时默认使用科学记数法。至于软件为什么会带着这样的默认设置，我也不理解，在我看来完全没有意义！于是出现了这种情况：有人想要创建一个图形，他的软件使用科学记数法生成了一个图形，然后他将该图原样粘贴到演示文稿中。我相信演示者应该不会故意使用科学记数法，而是因为偷了个懒，直接使用了软件默认生成的内容而已。

我实在想不出有什么场合应该向观众展示科学记数法。如果你处理的是大数字或小数，请按照提示 48 中所述，使用百分之几、千分之几、百万、十亿等为国际通用的数量单位，不要使用科学记数法！

图 53a 是个使用了科学记数法的简单图形，很难看得懂。图 53b 不仅避免了科学记数法，还借鉴了提示 48，进一步简化了图表。

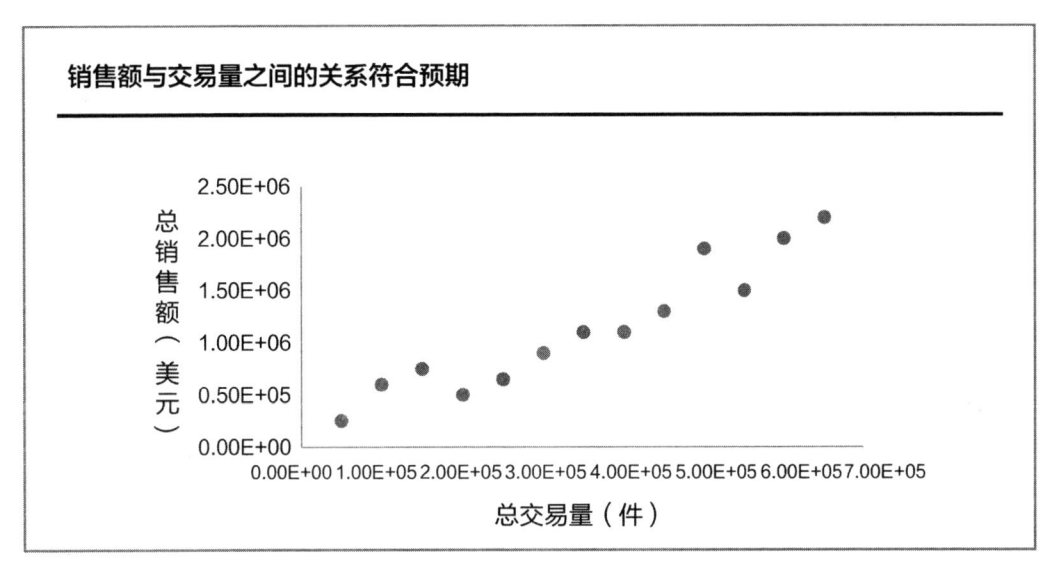

销售额与交易量之间的关系符合预期

总销售额（美元）纵轴，总交易量（件）横轴，数据点从 0.00E+00 到 7.00E+05，销售额从 0.00E+00 到 2.50E+06。

图 53a　科学记数法很难看得懂

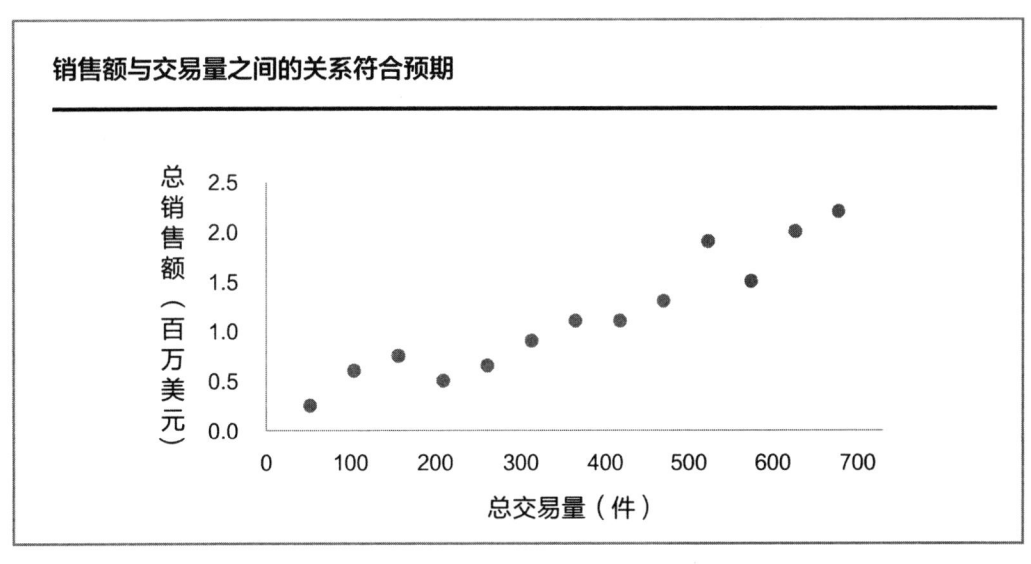

销售额与交易量之间的关系符合预期

总销售额（百万美元）纵轴从 0.0 到 2.5，总交易量（件）横轴从 0 到 700。

图 53b　这个版本看起来清楚得多

第 4 章　制作篇：数字与标签　// 093

提示 54：数据类别要用名称表示，不要用数字

许多技术性工作会将一些名称用数字来表示，例如，建模时我们不能直接使用"成功率"和"失败率"字样，而是用数字 1 和 0 代替。还有，当创建一个市场活动的客户响应度预测模型时，人们习惯将 0 视为未响应，将 1 视为响应。你的大脑会很自然地接受这种设置，但是观众可能不会像你一样自然而然地理解并接受这种设置。其他行业中当然也有很多类似的例子。

因此，一定要把上面这些数字翻译成观众能理解的语言。你使用的分析软件生成的结果可能会用 0 和 1 来表示，但你必须改成未响应和响应再展示给观众。用文字表示，观众才不会误读看到的信息。

在给收入等级分类时也是如此。不要使用 1~10 的数字做数据标签，再附加带括号的图例说明，而是直接用括号里的定义做标签，即不要用"年收入等级 1"，而是用"年收入低于 $15 000"。

我们还要遵守行业惯例。例如，在市场活动中我从未见过有人关注未响应的数据，人们关心的都是响应率是多少。尽管这两个观察角度从数学上讲结果是一致的，但我们的出发点应该是能引发观众共鸣的那个角度。如果你讨论未响应率，即使你把数据解释得很清楚，你的观众想必也无法理解你的用意。

图 54a 用 0 和 1 来表示结果，却没有解释其代表的意思，数据显得含混不清、令人费解。图 54b 增加了图例，但观众看图时仍颇为费力。图 54c 直接用文字做数据标签，清晰明了。

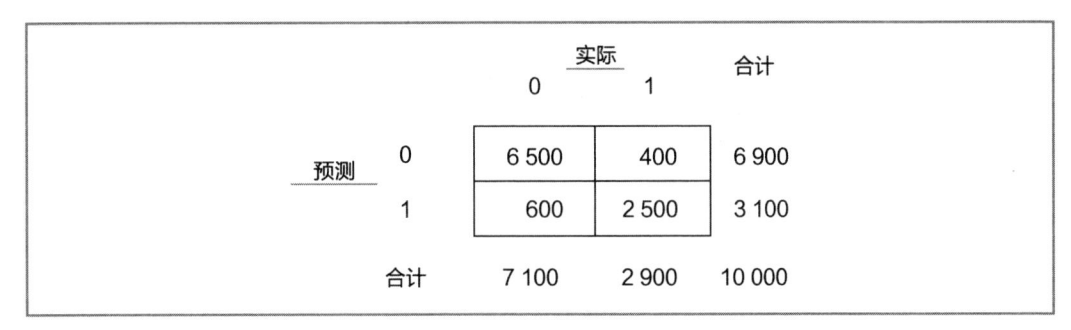

	实际		
	0	1	合计
预测 0	6 500	400	6 900
预测 1	600	2 500	3 100
合计	7 100	2 900	10 000

图 54a　不清楚"0"和"1"的含义

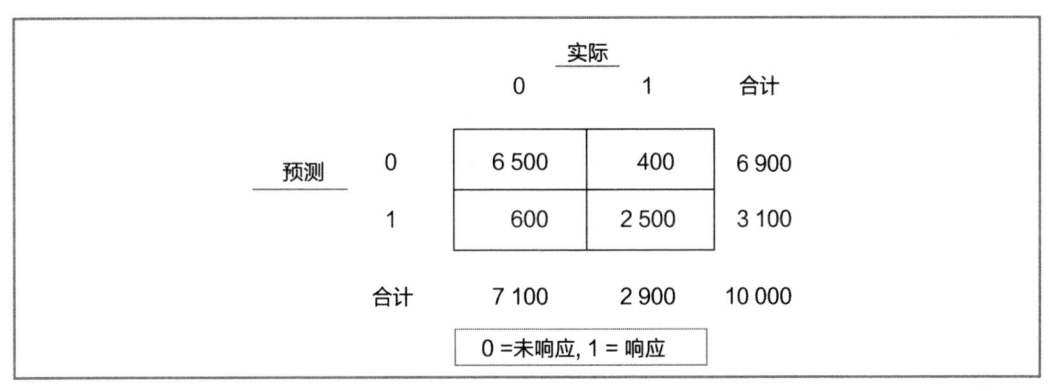

	实际		
	0	1	合计
预测 0	6 500	400	6 900
预测 1	600	2 500	3 100
合计	7 100	2 900	10 000

0 = 未响应，1 = 响应

图 54b　图例有帮助，但还不够

	实际		
	未响应	响应	合计
预测 未响应	6 500	400	6 900
预测 响应	600	2 500	3 100
合计	7 100	2 900	10 000

图 54c　这不易造成误解

第 4 章　制作篇：数字与标签　// 095

提示 55：当心标签被截断

有个经常出现的失误是表格或图形中的标签被截断。我碰到过许多次这样的情况，演示文稿中的表格乍一看很漂亮，仔细一瞧，表中的文字被截断了尾巴，因为列宽太窄，文本又没有换行。这个问题只要检查一下页面就能发现，但如果你自己没发现，观众肯定会注意到。这种主动送分的失误，非常降低你的可信度。

如果你的项目描述比较长，有几种办法可以应对。其一，如果横向空间充裕，扩大列宽即可；其二，如果纵向空间足够，允许换行；其三，如果是极长的英文单词，可跨两行，中间用连接符连接。按照提示 37 中的原则，尽量不要用缩小字号的方式来让文本适应单元格大小。

图 55a 的表格中有多个数据标签被截断了。问题很明显，因此幻灯片看起来很不严谨。图 55b 用了上文提到的三种应对方法，标签全部干净利落地放入了单元格中。

著名的歌曲示例

歌曲	是否宜作舞曲	是否扰民	是否主题暴力
Rapper's Delig	是	否	否
That Really Lon	否	否	是
Supercalifragili	否	是	否
Never Gonna G	不确定	是	否

图 55a 幻灯片上的截断标签

著名的歌曲示例

歌曲	是否宜作舞曲	是否扰民	是否主题暴力
Rapper's Delight	是	否	否
That Really Long Speed Metal Song from the 90's	否	否	是
Supercalifragilisticexpiali-docious	否	是	否
Never Gonna Give You Up	不确定	是	否

图 55b 所有标签各居其位

提示 56：缩略词要解释说明

我们同事之间或者同一行业内经常使用一些首字母缩略词、行话或简称，外部人士对这类词语可能不太熟悉。因此，在向组织及行业外人士做演示时，应当把词义完整地表达出来，一定要假设观众不懂，为他们提供特别说明。我们在提示 34 中谈到数据标签中可同时包含通识用语和专业术语，对首字母缩略词及简称这类词语，最好遵循同样的原则。

有些首字母缩略词极为常见，比如金融业的 EBITDA（未计利息、税项、折旧及摊销前的利润）。即使大多数人可能都听说过 EBITDA，同时附上全称仍不失为一个贴心举动。另外，正因为 EBITDA 太过常用，有些人可能更接受缩写形式，反而看不懂全称，因此两种形式一并列出，所有人就都能看得懂。

图 56 中有两种解释说明 EBITDA 的方法：一种是在正文中列出首字母缩略词及其全称；另一种是用脚注列出全称。尽管两种方法都可行，但是如果有可能观众对缩写不甚熟悉，更好的做法是包括在正文中；而假如观众可能很熟悉这个缩写，那最好使用脚注，避免增加不必要的信息干扰。

- **在正文完整地写出词义**
  - EBITDA（未计利息、税项、折旧及摊销前的利润）：25.2百万美元

- **在脚注中解释词义**
  - EBITDA*：25.2百万美元

  *未计利息、税项、折旧及摊销前的利润

图 56　首字母缩略词的两种解释方法

提示 57：创建幻灯片专门解释特殊词语

我们在提示 33 中讨论了如何清楚地解释词义，在提示 56 中讨论了用直白的语言解释专业词语。在演示中有时候你会用到很多专业词语，这并无不妥，但你必须考虑清楚数据标签在哪里呈现、专业术语的解释放在哪里。我们既可以在各张特定幻灯片或图表上分别列出，也可以创建一张或多张幻灯片，专门汇总这些术语及其解释。

在提示 56 的示例中一张幻灯片上只有一两个专业术语，因此那两个解释方法都合适；但是如果一张幻灯片中出现了很多术语，用那样的方法呈现其词义，必然会干扰观众的注意力，并且整张幻灯片看起来烦琐庞杂。图表上数据标签太多、太少都不合适。如果使用的专业词语太多，最佳方法是在演示文稿靠近最开始的部分或在附录中插入一张专业术语及其释义幻灯片，之后在每张幻灯片底部加上一句：如需了解词义，可参考释义页面。附加独立幻灯片专门解释专业术语，也为事后阅读演示文稿的人提供了方便。另外，它可避免整个演示过程中对同一术语进行反复标注。

专业术语的定义之所以如此重要，是因为即使看似简单的术语，比如利润或销售额，在一家大型组织中也可能出现多种计算方式。图 57 是一张专用词语及其释义幻灯片，如上文所说，你可以在演示一开始便做个说明，预先让观众熟悉起来，也可以放在附录中以供事后参考。另外，在实时演示中碰到这些词，最好口头重复一下词义，有助于强化观众对重点词语的理解。

- 销售额-总销售额，不含退货及员工购买额
- 比尔的销售额-比尔的总销售额，为了让他的数据好看，已按双倍计算
- 利润-财务部依第10.a.2.c.74条规定计算得出的利润
- NPS -净推荐值。产品评分8~10的百分比减去0~6的百分比。我司历史分值为-72!
- 调整后的预测-咨询过行业大咖后的最优预测

图 57　专业词语及其释文幻灯片示例

提示 58：标注清楚累计数据的性质

演示文稿中经常会用到各式各样的汇总统计，例如，你在一张幻灯片上显示各地区的销售总额，另一张幻灯片上则显示各地区的平均销售额，还有一张幻灯片上显示各地区最高月销售额。一个常见的错误是各种情况的图表上都只简单标示为销售额，而非分别说明是平均销售额或销售总额等不同数据的累计。

举个例子，如果幻灯片的标题是"月均销售额"，人们不难推测相关图表中的"销售额"指的是平均每个月的销售额，而非销售总额。但是如果交代得不清楚，观众也可能误认为你的原意是指平均销售额，却不小心用了销售总额的数据，因此开始质疑你是否关注细节，从而怀疑你的数据是否可信。避免误解的办法，是在图表标签中标明数据汇总的类型。如果你需要直接转发这张图表，没有了幻灯片标题或文本部分的解释说明，那么标清楚数据标签显得尤为重要。

在图 58a 中，图表的数据标签不够明确，因此人们会对图表与幻灯片标题是否一致产生疑问。而图 58b 的标签上明确添加了汇总数据的具体性质，更加清晰明了。

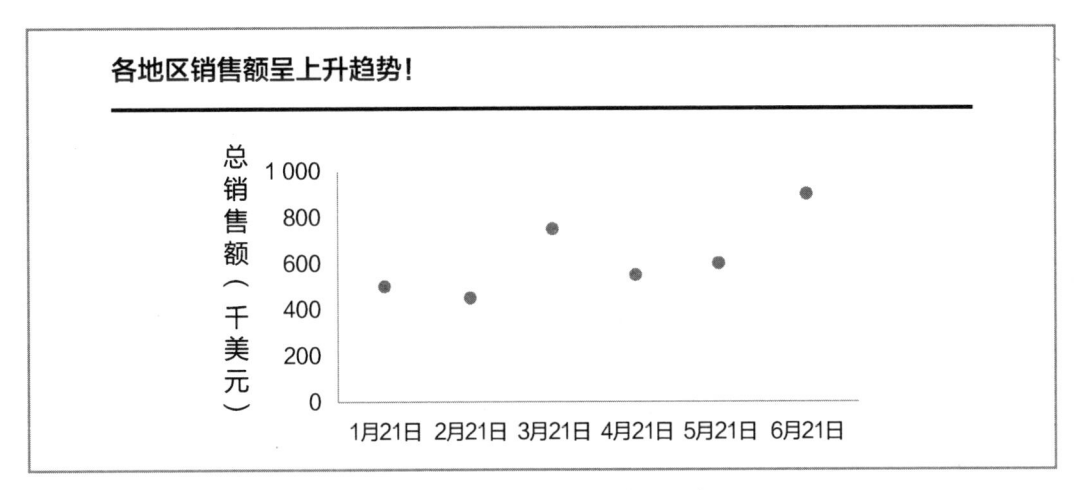

图 58a　纵坐标的标签含糊不清

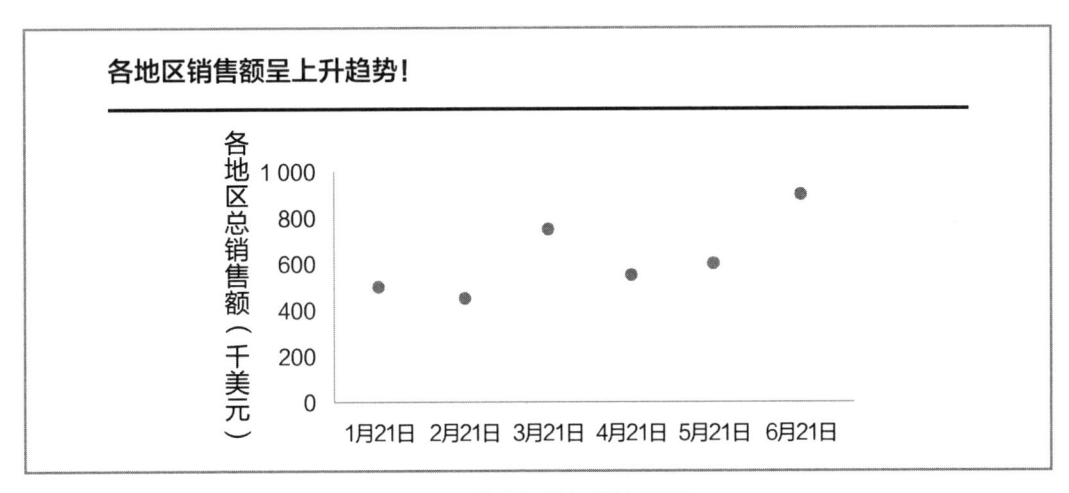

图 58b　纵坐标的标签清晰明了

第 4 章　制作篇：数字与标签 // 101

提示 59：重点要放在有利害关系的结论上

许多研究分析都侧重于得出某种有利害关系的特定结果，由此判断将来需要采取什么行动或做出什么决定。这种有利害关系的结果可能是好的，也可能是坏的。例如，在市场营销时，我们通常侧重好的结果，比如我们会预测客户是否对某项活动做出响应，而客户流失模型关注的则是负面结果，即客户结束与组织的关系的可能性。

你的研究结果关注的是消极的还是积极的观点，并无绝对的规定，不同的项目各不相同，取决于行业惯例。幸运的是许多领域通常都有明确的先例可循。

如果一名营销人员看到一份报告只介绍客户的未响应概率数据，必定非常不解；而一名医生看到不患癌的概率数据，肯定也很困惑。无论你关注的是积极还是消极的信息，数学上的结论都是一样的，所以单从理论上来看，选择哪个角度并无影响。但是角度的选择之所以重要，是因为你只有与观众看问题的角度保持一致，这样才能做到让他们轻松理解和接受你的研究结果。

图 59a 展示的是术后未感染的患者生存概率高一些。即使不从事医疗工作，大多数读者看到这种数据也会忍不住大发议论。图 59b 讨论的则是同一结论中的另一面，即术后感染的患者死亡概率增加。对大多数读者来说，这听起来更自然，毕竟在医学上人们通常只讨论风险问题。

术后感染的影响

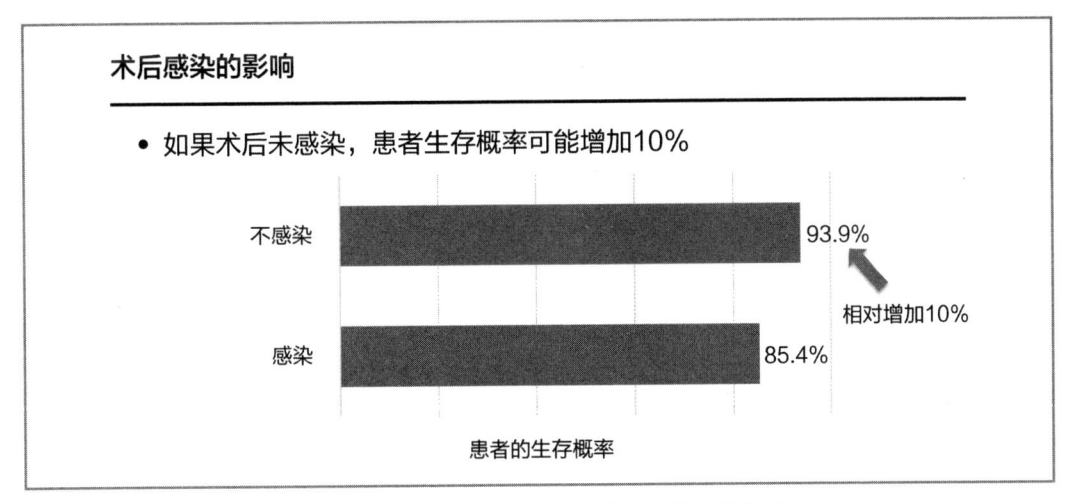

- 如果术后未感染，患者生存概率可能增加10%

不感染　93.9%　相对增加10%
感染　85.4%

患者的生存概率

图 59a　这张图的关注重点是有利害关系的结论

术后感染的影响

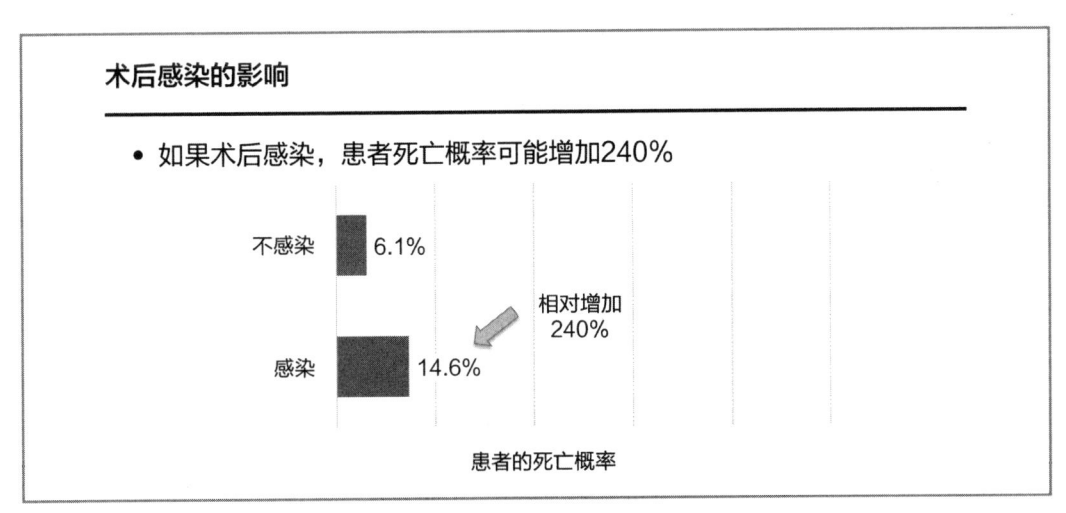

- 如果术后感染，患者死亡概率可能增加240%

不感染　6.1%
感染　14.6%　相对增加240%

患者的死亡概率

图 59b　这张图的关注重点不是有利害关系的结论

第 4 章　制作篇：数字与标签 // 103

提示 60：检查数字是否都合乎情理

当我们输入数字时，都有不小心多敲一个数的时候。不过是个手误，就把数字扩大了 10 倍！一段计算机代码也可能存在一处缺陷，或者一个系统中的数据存在一个错误，不管什么原因，只要观众一眼看出你的数据是错的，你的可信度就丢了。

所以，一定要仔细检查你用的数字是否准确，包括确保数字出现在那个地方在你看来是合情合理的。你可能没发觉某个系统出了故障，可能对你的代码很有信心，但在演示之前，仍然必须利用自己的常识来检查一遍数字。如果某个数字看起来怪怪的，那它很可能就是错的。

例如，假如你向大家介绍某便利店的交易金额，看到平均交易金额为 150 美元，你应该产生怀疑，因为便利店这类零售商的单笔交易金额远远低于 150 美元。如果无法在演示前找到导致这个均值出错的原因，就不要包含这个数据。与此同时，请向观众说明情况，告知你在交易信息方面遇到了一些问题，需要进一步调查后才能提供准确的数字。观众或许会有点儿失望，但还是会感激你告知他们出了一些问题，而你正在积极纠正。

图 60 中有个明显的错误，实际上中等家庭收入是近 7 万美元。只要稍加思考，图表上就不会出现如此不合常理的数值。

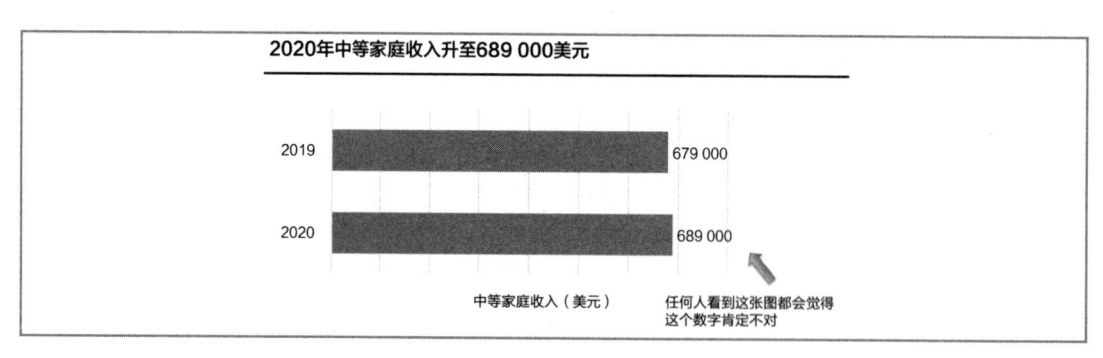

图 60　一张明显不正确的图

提示 61：每张图表上都要有刻度

正常来讲，每张图表都应该加上某种形式的刻度。使用什么刻度，往往是显而易见的，比如销售额图表的刻度是美元。不过，也有一些图表重在比较数据大小，数值本身并不那么重要，即便如此，我们也应当添上一些信息，提醒读者比较数据之间的具体差异才是最重要的。

在模型性能的比较分析中，人们会使用一些常见的统计测度，比如卡方值。然而，每个卡方值的具体大小并不像它用于不同模型之间进行比较时那么重要。在这种情况下，你可以把图表的刻度设置成 0~100 的范围，以与最大值相比的百分比为基准进行比较，这样即使人们不知道卡方值是什么意思，也不必担心，因为只要看刻度，知道哪个选项最优以及差距有多大即可。

图 61 把几个比较对象的刻度设置成了 0%~100%。每个数据分别与最大数据（值为 100%）进行比较，清楚地表明观众应该关注各柱状条纹间的关系，而不是每个柱状条纹代表的特定数值。

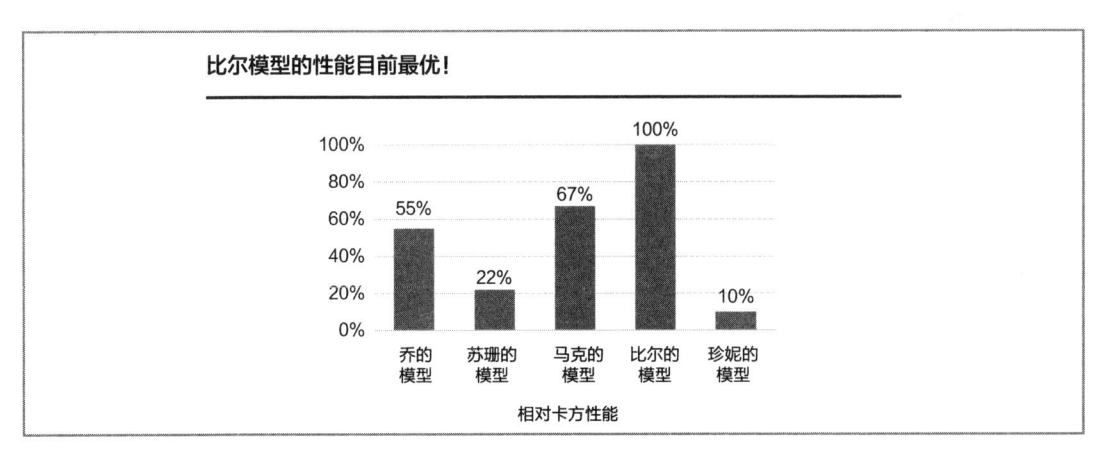

比尔模型的性能目前最优！

乔的模型	苏珊的模型	马克的模型	比尔的模型	珍妮的模型
55%	22%	67%	100%	10%

相对卡方性能

图 61　数据加上刻度后更易于理解

提示 62：图表要统一使用刻度

提示 61 中说明了为什么每个图表都应该显示刻度，本篇要说的是不同的图表中都要统一标注刻度，便于对数据进行准确比较。

我们现在拥有各种便捷的办公软件用以制作数据驱动演示文稿，不费力气就能很快创建一张漂亮的图表。但是，快速生成的图表都是以软件自带的假设为基础、按默认设置创建而成的。在某些情况下，默认设置也会带来麻烦。

尽管 Excel 和 PowerPoint 等软件广受欢迎，但是由于它们默认设置图片刻度，因而生成的图表可能有失偏颇。当你录入数据后，软件会先确定最小值和最大值，然后自动设置坐标轴大小，让图表填满可用空间。如此一来可能会产生一个意想不到的结果，不同量级的数据呈现在图表上，也有可能看起来一模一样。

举个例子，如果用图表来展现两个客户响应率之间的差异，一张图表反映 25% 的差异，另一张图表反映的差异只有 0.25%，但两张图表可能看上去完全相同。要知道两张图表之间相差了 100 倍呢。唯一的区分办法是看坐标轴的标签。因此，为了避免产生歧义，坐标轴上一定要标注标签，清楚体现图表间数据大小的不同。

图 62a 中的两张图看起来一模一样，读者会误以为两种产品的销量完全相同。然而，如图 62b 所示，产品 B 的销量是产品 A 的 100 万倍！两者间的区别从图 62b 中的刻度上可清楚看出，而图 62a 却无法体现。

产品销量对比

产品A　　　　　　　　产品B

美元标注数据刻度，两张图看起来一模一样

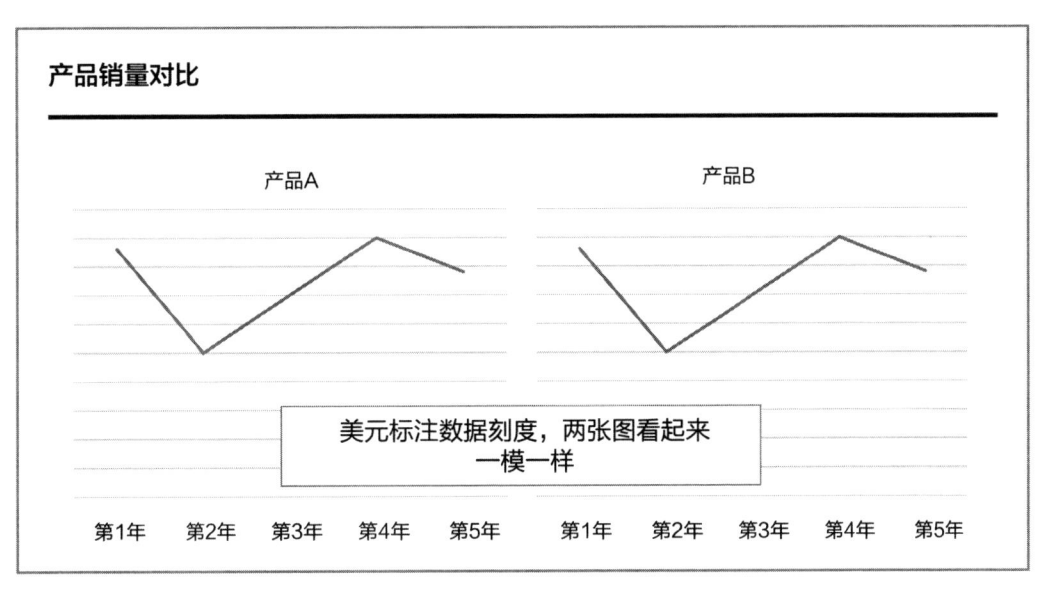

第1年　第2年　第3年　第4年　第5年　　第1年　第2年　第3年　第4年　第5年

图 62a　不带数据刻度的图

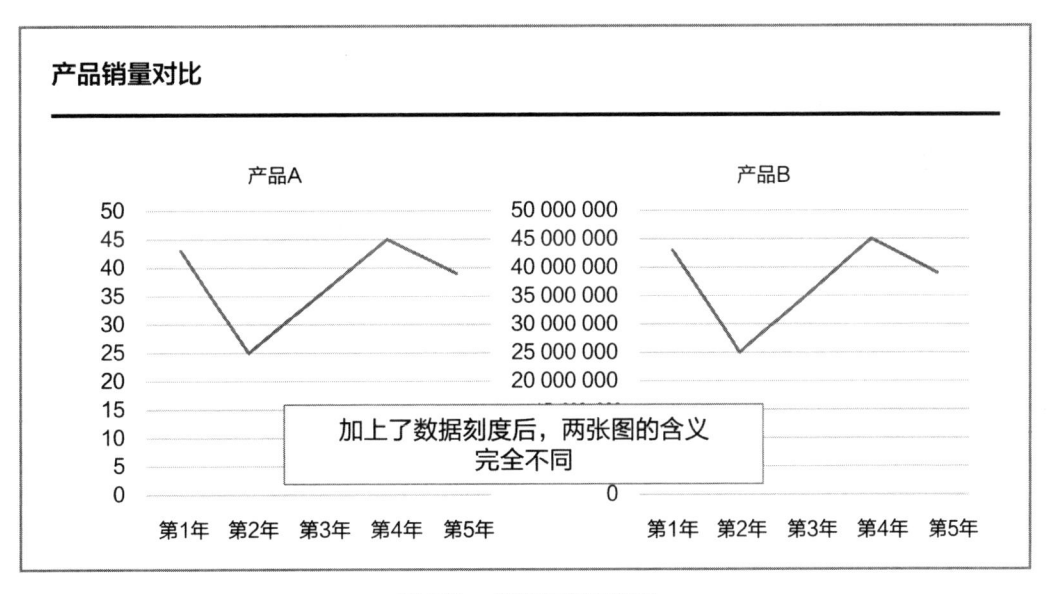

产品销量对比

产品A　　　　　　　　产品B

50　　　　　　　　　　50 000 000
45　　　　　　　　　　45 000 000
40　　　　　　　　　　40 000 000
35　　　　　　　　　　35 000 000
30　　　　　　　　　　30 000 000
25　　　　　　　　　　25 000 000
20　　　　　　　　　　20 000 000
15
10
5
0　　　　　　　　　　　0

加上了数据刻度后，两张图的含义完全不同

第1年　第2年　第3年　第4年　第5年　　第1年　第2年　第3年　第4年　第5年

图 62b　带数据刻度的图

第 4 章　制作篇：数字与标签 // 107

提示 63：坐标轴刻度起点通常设为 0

我们在提示 62 中说过演示时最常见也最容易误导观众的一个错误，是录入数字后直接接受制图软件默认设置的坐标轴范围。在 PowerPoint 和 Excel 中，坐标轴默认从数据的最低值或略低于最低值开始，以最高值或略高于最高值结束。这是一个大问题。为什么？

如提示 62 中所说，无论图表中的数值有多接近，软件为了生成间隔适中的图表，会自动扩大数据间的差异，并且无论数值是多少，软件默认的柱状图每次都自动凸显数据的差异。这种现象如此普遍，有时候你甚至会看到某大型新闻网也在犯同样的错误。如果坐标轴没有刻度、数据没有标签，你根本无法发现问题所在。

解决办法很简单：一定要检查坐标轴范围，然后始终标注坐标轴刻度。大多数情况下坐标轴起点都是 0。也有例外情况，根据需要设置合理的起点，甚至从负值开始。例如，在一场销售竞赛中，只有上季度销售额达到 50 万美元的销售人员才能参加，坐标轴的起点便可以是 50 万美元，然后才能准确看到销售人员在 50 万美元这个基础以上的表现。

图 63a 中的两张图设置了默认坐标轴数值，却没有标注数据标签。请注意：两个比较对象看起来差距很大。而图 63b 的坐标轴起点设为 0，并且标上了提示 80 中所说的数据标签，看起来两者间的差距其实很小。

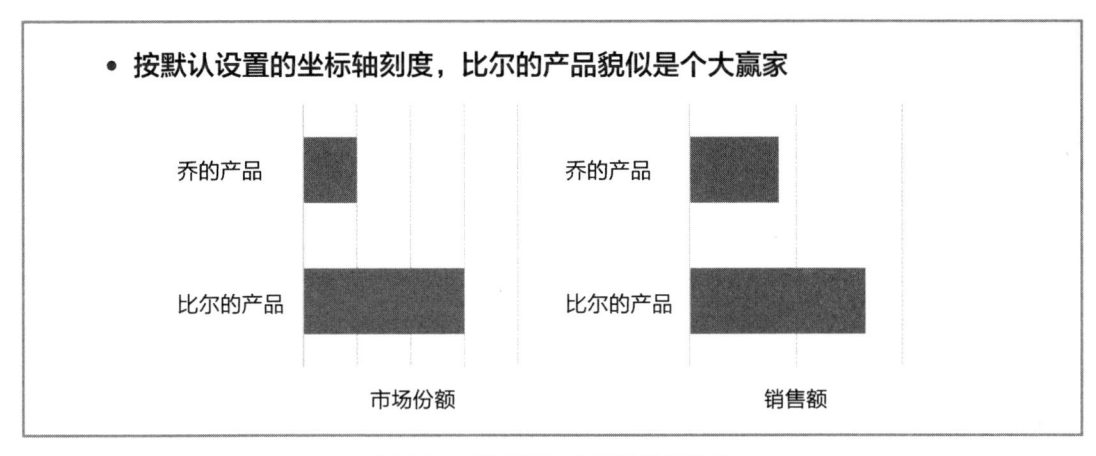

- 按默认设置的坐标轴刻度，比尔的产品貌似是个大赢家

乔的产品

比尔的产品

市场份额

乔的产品

比尔的产品

销售额

图 63a　使用默认坐标轴进行比较

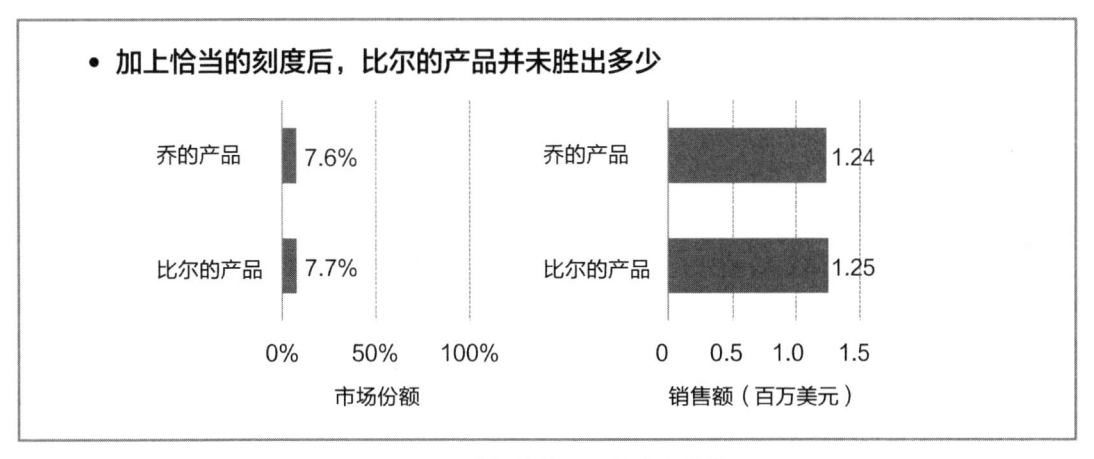

- 加上恰当的刻度后，比尔的产品并未胜出多少

乔的产品　7.6%

比尔的产品　7.7%

0%　50%　100%
市场份额

乔的产品　1.24

比尔的产品　1.25

0　0.5　1.0　1.5
销售额（百万美元）

图 63b　坐标轴从 0 开始进行比较

提示 64：给幻灯片编号

我们常常遇到一种情况，在一场耗时颇久的演示中，有一名观众对前面某一张幻灯片上的内容心存疑问。如果幻灯片没有编号，提问者只能这么说："您能回到前面的一张幻灯片上吗？那张销售饼图，就是带产品描述表格的后面那张。"于是你一直往回翻页，不可避免地滑过了那张片子，然后再回来，来来回回几次，直到翻到观众想看的那一张。

解决这个问题的办法很简单，在幻灯片底部加上编号。这条建议连我自己都经常忘记，每每令我后悔莫及！如果你是个新手，或许你的做法是在每张幻灯片上手动添加一个文本框，写上编号，于是每一次修改幻灯片，添加、删除或变换幻灯片顺序，都得重新编辑幻灯片上的编号。

其实，PowerPoint 中有个特别简便的功能，如图 64 所示，从"插入"菜单中找到"幻灯片编号"选项，可自动为幻灯片加上编号。不同的 PowerPoint 版本略有不同，但都会有类似的选项，比如也可从"页眉页脚"中添加幻灯片编号。幻灯片编号位于底部的明显位置，观众一定可以注意到，提问时直接报上页码就行了。但要注意页码的字号不要太大，以防过度吸引观众的注意力。

图 64　如何添加幻灯片编号

第 5 章

制作篇：图表和版式

在数据驱动的演示文稿中加入的图表，以及它们在幻灯片中的排版方式，会在很大程度上影响观众对演示的理解。图表、表格和图片也有助于传达你想传达的重要信息，是你要讲述的故事的组成部分。因此，仔细考虑使用什么样的视觉效果、采用什么样的格式呈现以及在幻灯片上如何排列，会很有帮助。本章将讨论与这一话题相关的以下理念：

- 采用混搭方式，避免幻灯片的版式单调重复。
- 拒绝使用极其技术化或过于错综复杂的图表。
- 图表的格式尽量保持一致。
- 颜色的选择要与语境相匹配。
- 不要为了炫技而在图表中添加一些高级功能。

如果你无法接受直接在演示文稿中使用某些技术软件包自动生成的原始输出，那么别无他法，只能自行创建图表来表达想要传达的信息。只要决定了自己动手，一般来说无须多言，你定会选择合适的图表并进行合理的排版布局，这样既能有效传达核心信息，也能确保幻灯片看起来美观。

提示 65：不同类型的图表混搭

演示文稿的外观和风格保持一致当然很好，但一味重复也会让人审美疲劳。用不同的图表类型可以突出某些关键信息，所以在一张幻灯片上或不同幻灯片之间混合使用不同类型的图表，可以保持视觉上的新鲜感，而一张张风格完全相同的柱状图，会令观众的感官变得迟钝。

尽管我们不应该为了视觉新鲜感而使用一些晦涩难懂的图表（见提示 68 和提示 69），也不能为了风格多样而强行使用不合适的图表，但是我们总能找到恰当的方式创造灵活多变的视觉效果。我们说过，一定要使用特定字体（见提示 39）和颜色组合（见提示 72），并应用于所有图表，这与图表类型的混搭并不冲突，且使用不同的图表依然要保持一致的字体和颜色组合。

在同一张幻灯片上展示多个图表时，如果各图表的数据没有可比性，比如数据指标不同，那么混合使用不同类型的图表尤为有效。使用不同类型的图表不仅可以增加画面的多样性，还有助于观众区分不同的信息片段，因为如果所有图表看起来都差不多，人的大脑会倾向于把所有数据混为一谈。

图 65a 重复使用同一样式的图表，不利于观众读取信息，视觉效果也欠佳。图 65b 则使用了不同样式的图表，观众会注意看每张图表，同时幻灯片看上去也更吸引人。

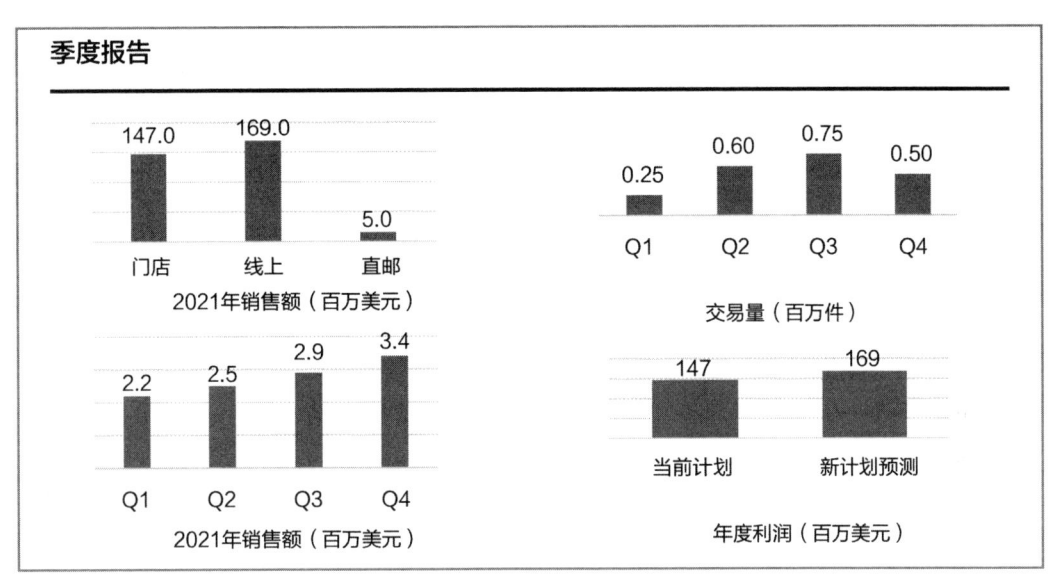

图 65a　同一样式的图表太多，太无聊

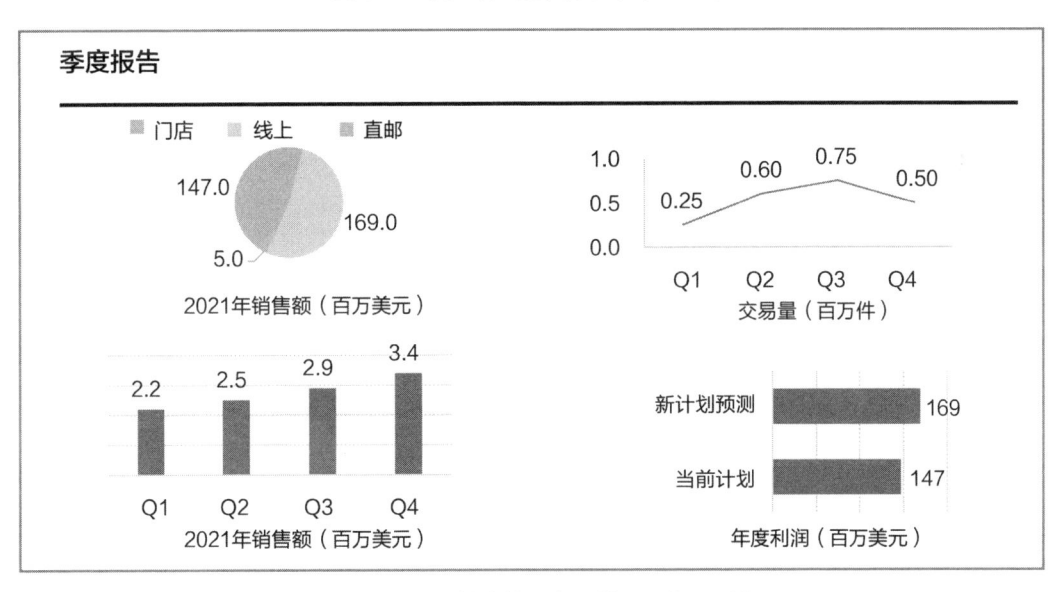

图 65b　不同样式的图表混搭，更有吸引力

第 5 章　制作篇：图表和版式 // 113

提示 66：不同格式的幻灯片混搭

提示 65 的理念同样适用于幻灯片的版式。数据驱动演示的过程中经常反复出现形式相近的信息，最常见的是一张幻灯片上只有一张图表或表格，外加一条文字说明。有了一张版式不错的幻灯片，你很容易反复使用这个版式。某种程度上这也不错，但你还是应该考虑混合使用各种不同的版式。

举个例子，我们经常会把图表放在幻灯片的左侧，在右侧添加一些文字说明。不要每张幻灯片都这样布局，也可以穿插着在左侧加说明、右侧放图表。传递的信息是相同的，但视觉上不一样了。视觉上的变化有助于吸引观众的注意力，因为观众的眼睛会捕捉到出现了不一样的东西。

我个人比较喜欢随意混搭不同版式，也就是说，假如你有 20 张类似的幻灯片，如果"左侧图表"和"右侧图表"严格有规律地交替播放，观众很快便能发现其中的规律。但你可以前前后后随意穿插不同版式，不要让观众猜到下一张幻灯片的样子。你也可以结合使用提示 65，在每张幻灯片上进行图表类型的混搭。

图 66a 中幻灯片的版式是图表在左、文本在右，而图 66b 正好相反，信息相同、外观不同。图 66c 则展示了如何交替使用三种不同版式，使单调的内容看起来更加生动些。

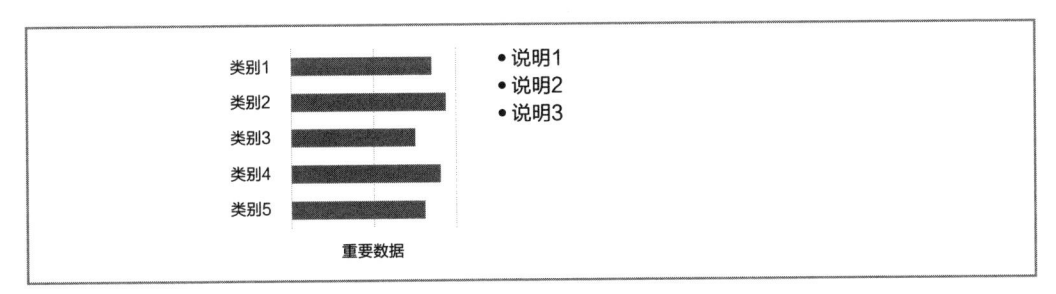

图 66a　图表在左、文本在右的版式

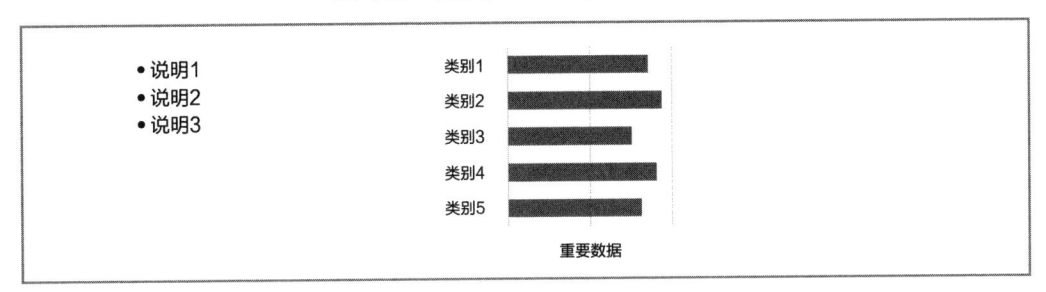

图 66b　图表在右、文本在左的版式

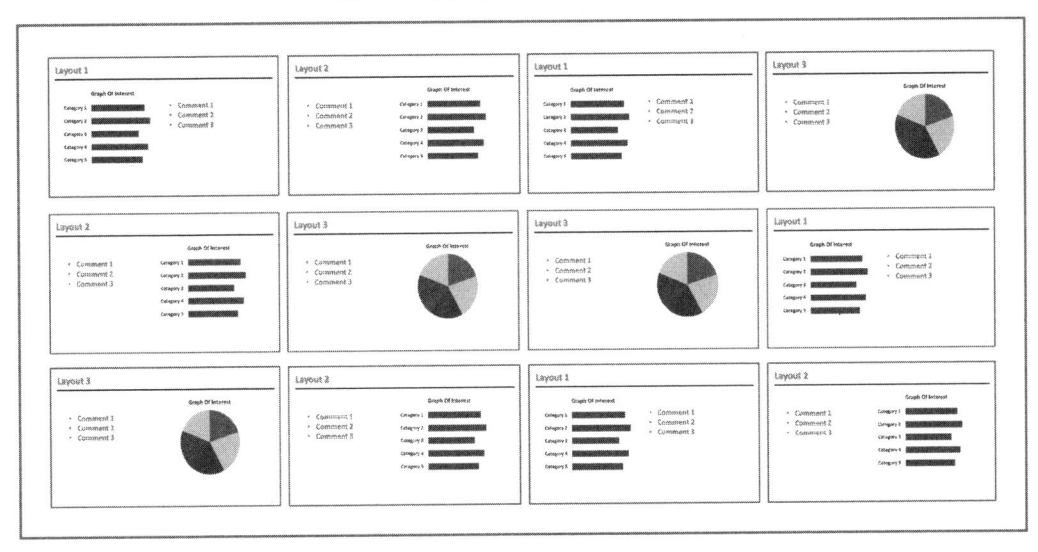

图 66c　幻灯片之间交替使用不同的版式

第 5 章　制作篇：图表和版式 // 115

提示 67：不要直接展示原始输出

许多软件包可以执行复杂的统计、技术性工作或繁重的计算任务，功能性很强大，但其输出的内容往往极不适宜直接用于演示。我的行业经常使用 SAS、R 和 Python 等软件，这些软件的数据输出令业内人士颇为受用，但在业外人士看来既无聊又不容易懂。

技术软件包还常在其数据输出中使用专业术语。虽然这些术语可避免技术型用户产生误解，但可能让观众觉得莫名其妙。我们在第 31、32、33、56、57 等多条提示中都讨论过要使用观众听得懂的词语、解释清楚词义，而软件包导出的、包含了晦涩难懂的专业术语的原始图表，既不美观也不易达意。

最好不要使用技术软件包默认创建的原始输出，而是生成输出后，从中选择需要展示的那部分内容，自行创建一个视觉效果好的幻灯片，用以支持你讲述的故事、引导观众采取行动。这需要花点心思，但如此可以确保：（1）整个演示文稿风格一致；（2）只分享必要数据；（3）使用的专业术语恰到好处。

图 67a 显示的是广受欢迎的统计分析软件 SAS 的默认输出，视觉上不吸引人，数据的格式也不理想。图 67b 是 SAS 中一个统计模型的输出数据，在业内专家看来，其中包括了很多很棒的信息，但其中大部分都不应该展示给观众看。你要么自己创建新的视觉画面，要么使用这个软件的高级格式功能，重新设计输出格式，让数据看起来更美观、更简洁。

频率 百分比 行百分比 列百分比	按产品区域划分的产品类别表					
	产品类别	产品区域				合计
		C1	C2	C3	NA	
	B1	6886 0.63 58.19 4.48	788 0.07 6.66 0.35	2938 0.27 24.83 0.87	1221 0.11 10.32 2.12	11833 1.08
	B2	748 0.07 51.59 0.16	296 0.03 20.41 0.13	329 0.03 22.69 0.10	77 0.01 5.31 0.13	1450 0.14
	B3	322423 29.68 43.12 69.35	154444 14.22 20.66 67.96	237512 21.86 31.77 70.56	33281 3.06 4.45 57.75	747660 68.82
	NA	134836 12.41 41.43 29.00	71714 6.60 22.04 31.56	95851 8.82 29.45 28.47	23053 2.12 7.08 40.00	325454 29.95
	合计	464893 42.79	227242 20.92	336630 30.99	57632 5.30	1086397 100.00
	缺失值频数=3417977					

图 67a　原始输出示例 1

因变量：高度	
读取的观测数	4504374
使用的观测数	1086397
包含缺失值的观测数	3417977

方差分析

来源	自由度	平方和	均方	F 值	Pr>F
模型	2	2.065085E11	1.032542E11	19186.7	<.0001
误差	1.09E6	5.846489E12	5381555		
修正后的总数	1.09E6	6.052998E12			

均方根误差	2319.81795	决定系数	0.0341
因变量均值	686.78898	调整后的决定系数	0.0341
变异系数	337.77740		

参数估计值

变量	自由度	参数估计值	标准误差	t值	Pr>|t|
截距	1	1340.11417	4.10535	326.43	<.0001
长度	1	-38.03765	0.22003	-172.87	<.0001
宽度	1	5.90850	0.13624	43.37	<.0001

图 67b　原始输出示例 2

提示 68：简约为美

现在的演示软件中提供众多样式的图表可供选择，只需单击几下鼠标就可以生成各种版本。然而，有许多图表样式颇为"花哨"，乍一看很酷，实际上却是很糟糕的选择。图表保持简单易懂，应当成为你的首要目标，因此要遵循那个古老的 KISS（keep it simple, stupid，即保持简单、直白）原则。除非肯定有助于实现这一目标，才可使用那些不同寻常或过于高级的特殊样式。

有些看起来特别的样式很少能增添什么价值，如 3D 功能、多色渐变或者艺术字体等。虽然我们讨论过如何为演示增添多样性，但那种多样性应该保持在观众认为在那样的场合下适宜且合理的范围内。

图 68 左侧的图选用了不同寻常且花哨的样式，却令图难以解读；右侧的图用经典的样式呈现相同的信息。你认为观众觉得哪一种更好懂？与左侧的图相比，右侧的图可能显得单调乏味，但它更能有效地传递信息。

数据驱动演示的目的正是有效地传递信息，并不是赢取数据的什么艺术表现奖！

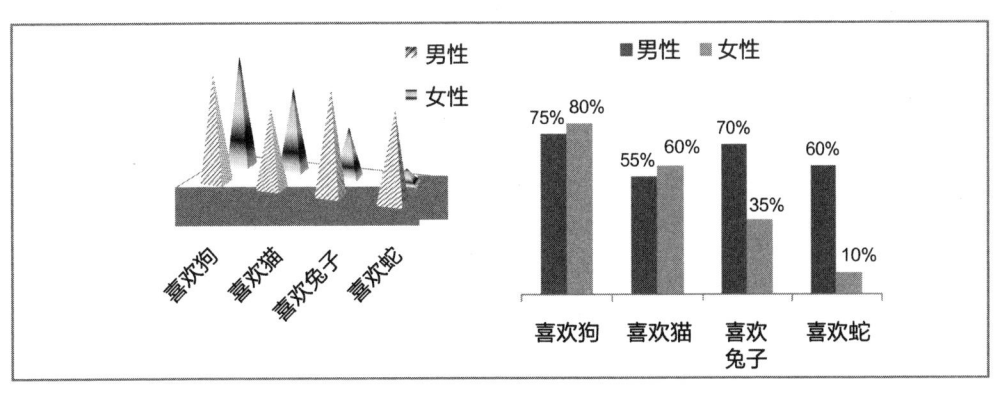

图 68　右图明显强于左图

第 5 章　制作篇：图表和版式 // 119

提示 69：选用易于解读的图表

计算能力进步的一大好处是可视化工具的兴起。在我职业生涯早期，我们用标准的文本字符来制作图表，如图 69a 所示。这种制图方法迫使人们追求简单化。如今，我们有几十个选项可供选择，能创建出丰富多彩、美观大方的图形。虽然这是件好事，却难免被滥用。

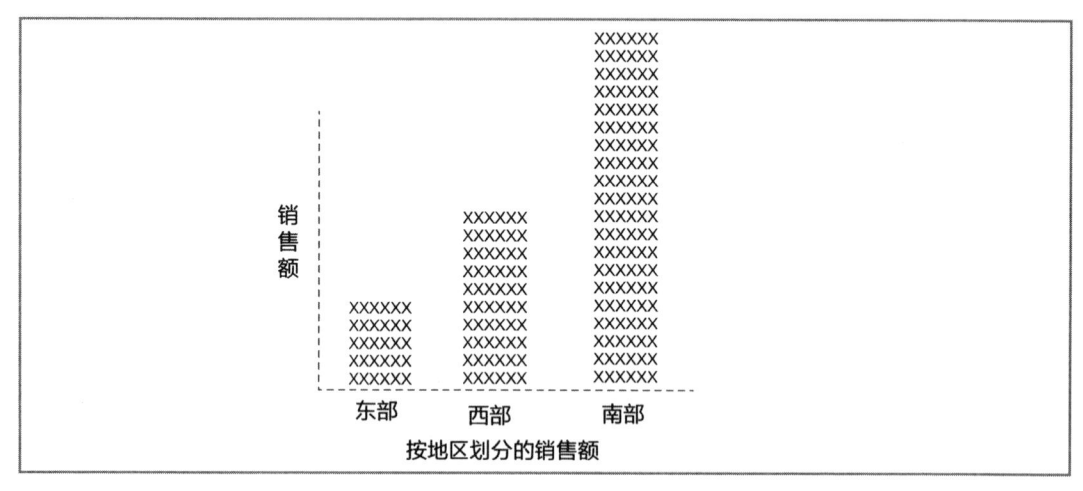

图 69a　过去用文本制作的老式图表

不管你喜不喜欢，柱状图和折线图等标准图表样式广为大众熟悉，观众很容易解读。不要为了炫技而使用晦涩难懂的图表类型。使用某种特殊图表之前，先想一想它能否为你的演示带来某种特别的意义。例如，在某些情况下雷达图非常合适，但在更多情况下雷达图毫无意义。我们应该选用最简单直白、最容易解读的图表来诠释数据。

图 69b 和图 69c 分别展示了一种标准图表样式和一种不太常见的样式。不常见的那两种样式都不是很直观，很少有人会使用它们来代替惯用的选项。

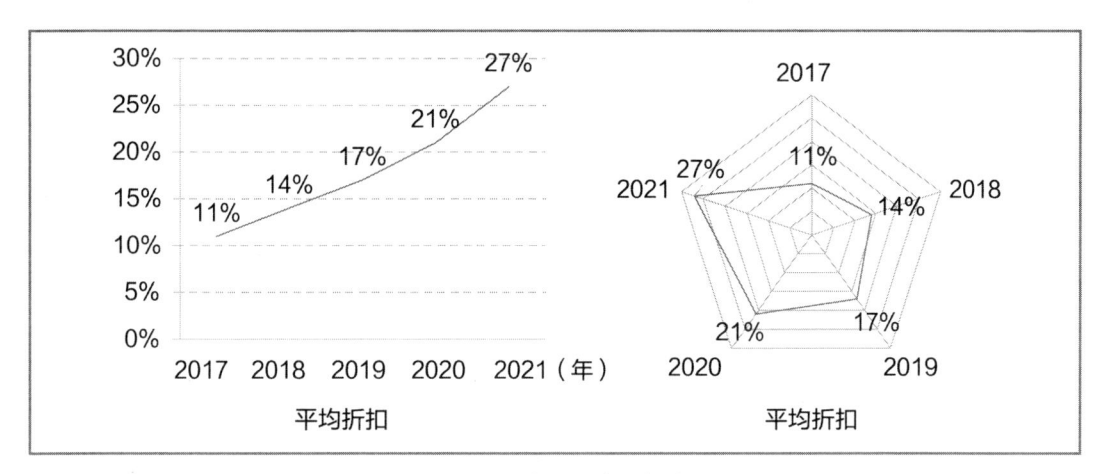

图 69b 左图更容易解读

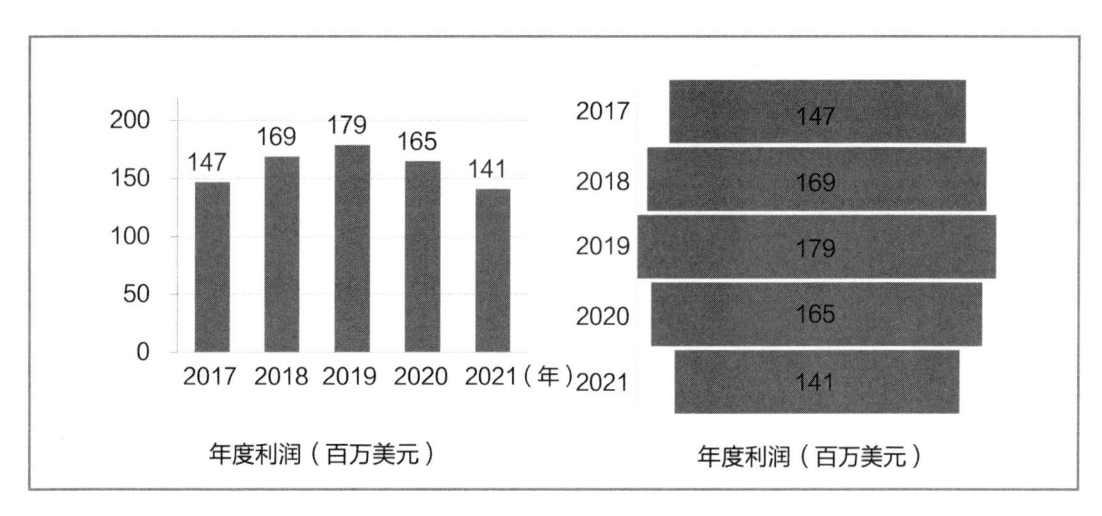

图 69c 左图更容易解读

第 5 章 制作篇：图表和版式 // 121

提示 70：不要使用难懂的图形

这好像又是个显而易见的提示，可事实上我经常看到演示者播放一张观众根本无法理解的幻灯片。有时图表上的文字说明是可以理解的，但图表本身太复杂，观众看不懂。在提示 7 中，我们说过如果图表需要解释，你就失败了。更糟糕的情况是即使你做出解释，观众仍然不明白你在说什么！就好像你讲了个笑话，哪怕你解释了一遍，别人还是没有明白笑点在哪儿一样。

出现这类错误最常见的原因是演示者太熟悉某些信息了，已经烂熟于心，因此忘记了观众并不常处理此类问题，甚至从未遇到过这类情况。

始终通过观众的眼睛来审视你的图形，确保他们能看懂。为了减少自己先入为主的视角，可以请朋友来检查（见提示 84）。如果朋友很难理解你创建的内容，甚至你做了一番解释后对方依然不明白，那么你就需要考虑换一种方法来介绍你的内容了。

图 70 中的这幅图与我曾经向客户展示过的很类似。老实说我也说不清楚这幅图想表达什么，观众更加看不懂了。演示者显然自认为这幅图很重要，但无论是这幅图还是他使用的专业术语，都没能清晰地表达出他的观点。

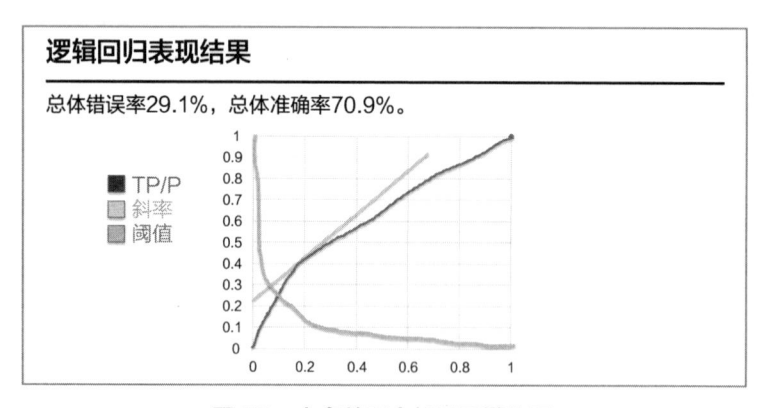

图 70　大多数观众都看不懂此图

提示 71：使用复杂的图形要讲究策略

有些时候，复杂的图形可以用来阐述你从事的技术工作中的某项关键内容，但一般情况下实时演示不需要展示得那么具体，因为观众想了解的是某些重要观点以及可能需要采取的行动，而不是复杂的细节，哪怕是业内专业人士，也不易消化和理解投在屏幕上的复杂图形。

此处有个例外情况，那就是当你想快速地展示一些技术细节，以证明你掌握了这些细节时。此时你的目的并非让观众全部理解这部分内容，而是希望他们能够明白你正在讨论非常复杂的技术性问题。在这种情况下，你要注意策略，快速地展示一下就好，顺带说一句你讨论的话题背后包括很多非常细致的具体工作。

如果刚好有技术人员在场，这种方法尤其合适，因为如果不能证明你掌握这些细节，他们可能会有疑虑。你可以适当展示一点，让这些技术人员放心即可，不要让非技术型观众遭受折磨。如果有人提出请求，你可以承诺提供书面报告，或再找时间详细讨论这部分内容。

图 71a 是一个决策树。现实中每个框中还有许多文字，从屏幕上根本无法看清。展示这样一个决策树的目的是让观众明白其深度和复杂性，不是为了描述每个单元。图 71b 则删除了文字，引导观众只关注其形状。其复杂程度非常直观，没有人会迷失在细节中，因为这里根本没有展示细节！

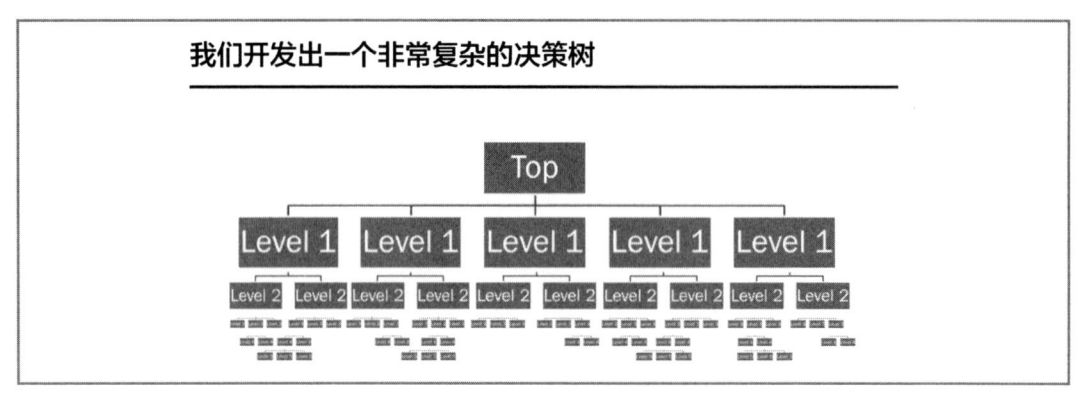

图 71a　这张图中包括太多细节

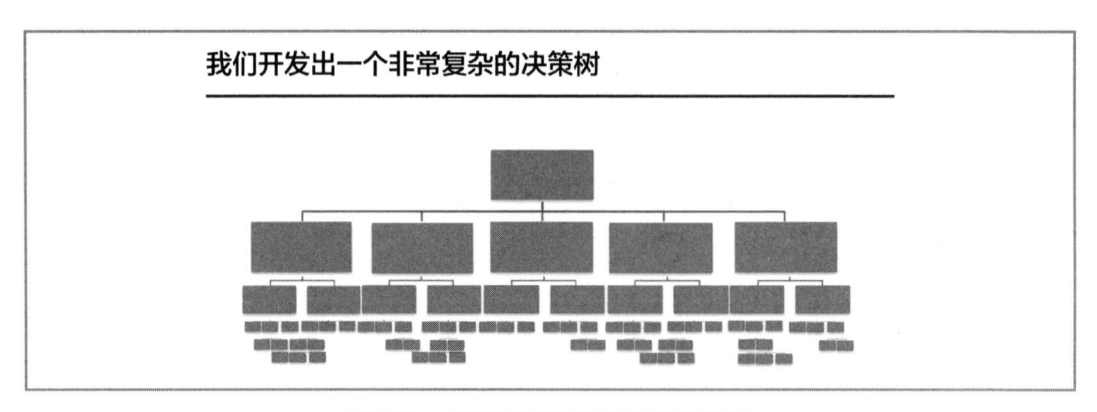

图 71b　这张图只展示了决策树的结构

提示 72：配色要协调

就像配色协调的服装穿在身上很好看一样，协调的色彩搭配方式也会给演示文稿的视觉效果加分。选用的颜色一定要协调、互补，这一点很重要，因此 PowerPoint 等工具提供一些预设的颜色调色板以供选择，如图 72a 所示，找到"幻灯片母版"下的"颜色"选项。别的 Microsoft 版本中的颜色设置按钮或许位于其他位置。

图 72a　如何调取软件中的调色板

我们这里不会从美学角度深入探讨如何调色，而只关注一个基本的指导原则，帮助你避开最常见的陷阱。一个简单原则是确保文本与图形重叠在一起时可以看得清字。另外要考虑到可能有观众是色盲，因此要尽量选用一些图案而不是颜色，或者选择色盲者也能看得出的颜色。

深灰色背景上的黑色文本几乎是看不到的，黄色背景上的橙色文本也是如此。在制作幻灯片时，要留意不经意间出现的视觉效果不佳、看不清楚内容的情况。举个例子，如果一个柱状图包含 10 个条纹柱，那就需要 10 种颜色。PowerPoint 自动生成的颜色可能与文本颜色兼容，也可能不兼容，不兼容时就需要你手动调节新颜色。

图 72b 中的这张幻灯片上有几组颜色搭配得不好，图 72c 对这一问题进行了修正。请注意：虽然你希望保持字体和颜色一致，但如果默认字体无法清楚显示，也可以单独选用不同的颜色，图 72c 中的产品 A 便换了不同的字体颜色。

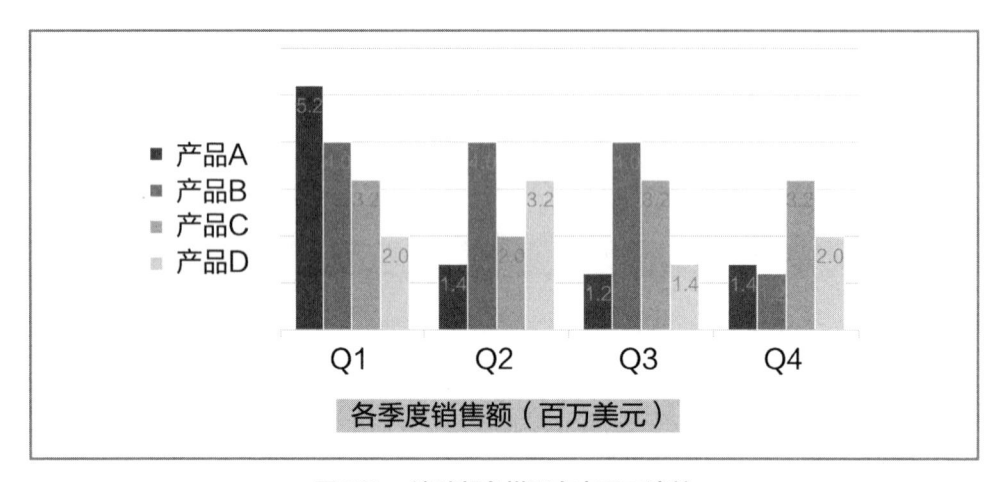

图 72b　这种颜色搭配有点看不清楚

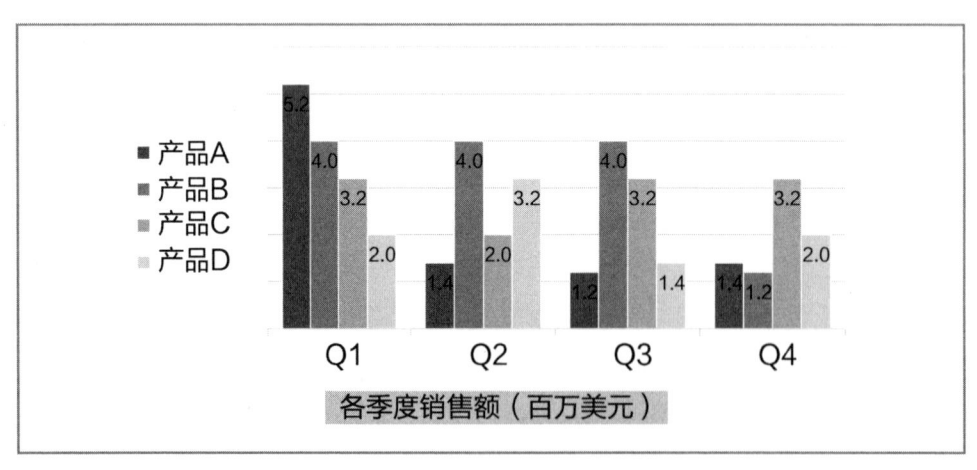

图 72c　这样的颜色搭配看起来更清楚

提示 73：选用的颜色要与语境相匹配

幻灯片上选用什么颜色还有一个重要因素需要考虑，那就是演示的语境，包括你讨论的话题性质以及你的演示对象。这一要求可有多种反映形式。

为一家组织做演示时，要对组织惯用的颜色敏感些。比如，可口可乐以红色闻名，而百事可乐以蓝色闻名，带着一片红色的幻灯片去参加百事可乐的会议，气氛会很尴尬吧！同理，为一支球队做演示，应该使用这个球队的球衣颜色，至少要避免使用对手的颜色。

在展示收益和损失或者其他指标的正负值时，西方人的习惯是认为绿色是好的、红色是坏的。因此，幻灯片上用红色代表好消息，会引起观众的认知失调，他们不明白你为什么要打破惯例，这样会影响你演示内容的可信度。图 73a 是个很简单的图表，正数显示为红色，负数为绿色，这在西方人眼中是错误的。而图 73b 中的颜色颠倒过来后，就顺眼多了。[①]

还有一些情况下特定类别的颜色选择由来已久、约定俗成，比如蓝色用来表示男婴，粉色用来表示女婴。你若标新立异，只能后果自负啦！

[①] 关于绿色和红色的用法，中国人刚好相反，多用红色表示正数，绿色表示负数。但这个理念是通用的，即制作演示文稿时要注意语境。——译者注

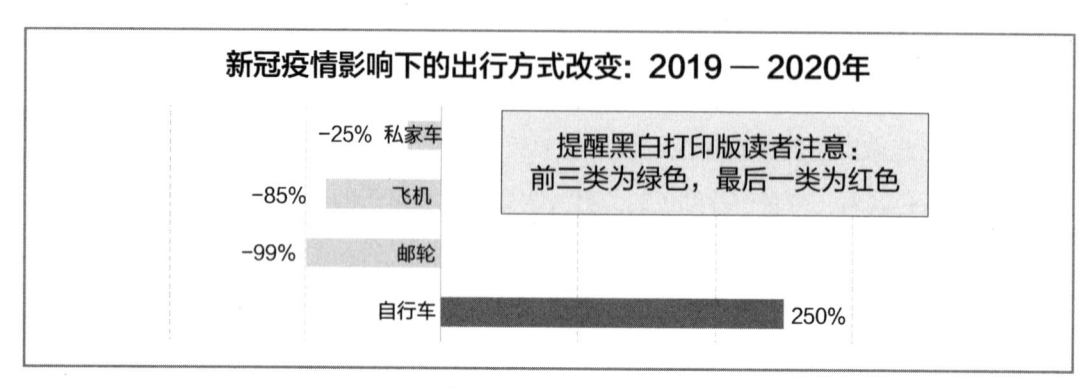

新冠疫情影响下的出行方式改变：2019 — 2020年

-25% 私家车
-85% 飞机
-99% 邮轮
自行车 250%

提醒黑白打印版读者注意：
前三类为绿色，最后一类为红色

图 73a　在西方人看来，负数用绿色表示很奇怪

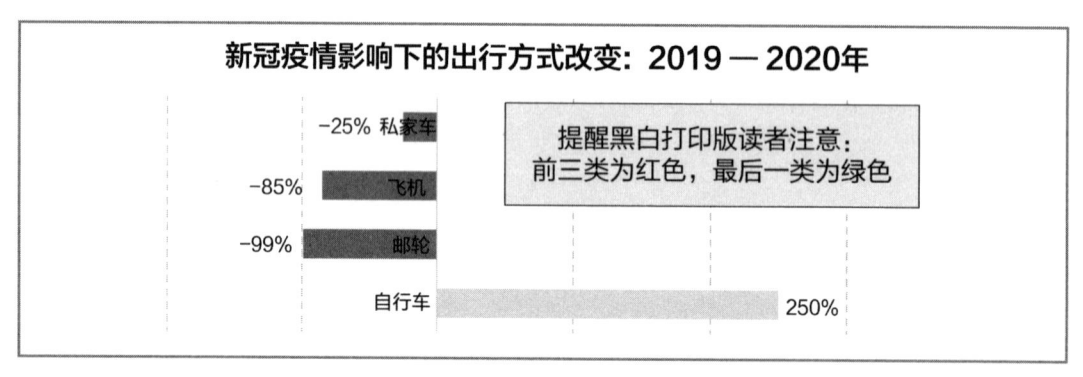

新冠疫情影响下的出行方式改变：2019 — 2020年

-25% 私家车
-85% 飞机
-99% 邮轮
自行车 250%

提醒黑白打印版读者注意：
前三类为红色，最后一类为绿色

图 73b　西方人的习惯是用红色表示负数

提示 74：避免使用技术类图表和系统架构图

技术人员都喜欢展示技术图表，这种现象在信息技术（IT）领域尤为泛滥，系统架构图经常出现在 IT 大会上，大多数观众都不知道架构图中这么多的组件到底是些什么东西，更不用说这些组件是如何连接的了。别想用一张错综复杂的系统架构图来教育非技术型观众，只为了让观众知道演示者的工作有多复杂——观众谁会关心这个呀！

切记，如果你的演示对象不是技术出身，就不要展示系统架构图等诸如此类的技术图表。这类图表将强化观众的普遍假设，那就是你"过于技术化"了，不够实际。对这样的图表，你要花费很长时间进行一番解释，并且几乎可以肯定你的解释毫无效果，只会令观众感到困惑，于是他们开始开小差，看自己的社交媒体或者查电子邮件了。千万要克制住冲动，不要使用此类技术图表，如果你觉得一定要用，就请将它们放进附录里。

无论你的技术图表有多漂亮，多让你引以为豪，在观众的眼中都如同图 74 这样的画面。很不幸，在非技术型观众看来，你最喜欢的技术图表不过是一堆不知所云的图标和箭头。停下来，想一想你的图表在观众眼中是什么样子，你就能明白为什么不能展示这样的图表了。

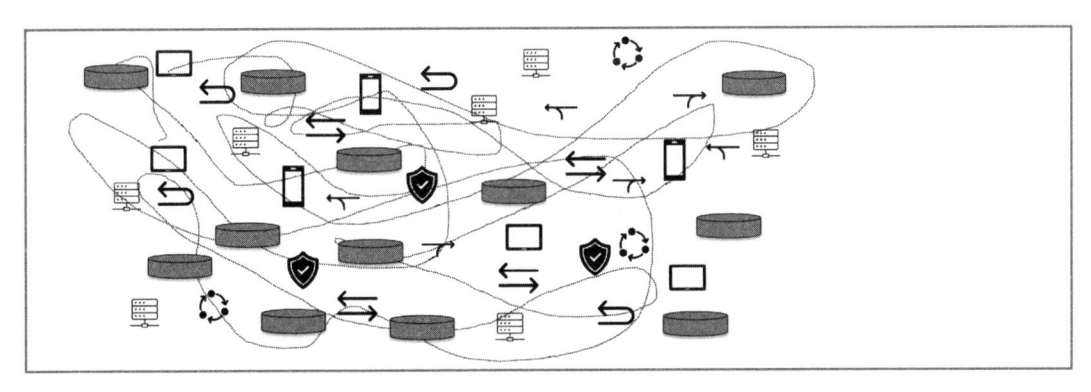

图 74　系统架构图在非技术型观众眼中是这样的

提示 75：不要让装饰图形喧宾夺主

装饰图形指的是那些不带具体数据或信息的图片，但是可让数据驱动演示看起来更生动。我自己可是个装饰图形的忠实用户！比如，为一家软饮厂商做演示，你可以在全篇文稿中都加上他们产品的图片；为一家服装企业做演示，可以用上他们的服装图片；为一家零售商做演示，可以用一些关于他们商场的图片。这些装饰图形可加强演示内容与对方品牌之间的联结。

也可以使用一些更为抽象的装饰图形。假如讨论某种失败的结果，可以使用一个人垂头丧气的画面；假如讨论一个冒险的决定，可以用一张蹦极图片；假如讨论的是一场重大胜利，可以放上一张球队庆祝胜利的照片。这些情况下，装饰图形的作用是在单调的文本、表格、图形和图表之外，给幻灯片增加点气氛。

不过，装饰图形应该……只是个装饰，不应该居于核心地位成为幻灯片的焦点，而应该隐入幻灯片，起到突出、强调重要事实和数据的作用。人们很容易忘乎所以，在幻灯片上加很多装饰图形，以致幻灯片拥挤、杂乱，或者装饰图形太大，占据了视觉上的主导地位。因此，请谨慎使用。

图 75a 这个例子中装饰图形太大了，在幻灯片上占据了主导位置。图 75b 缩小了装饰图形，与数据的融合便自然多了。

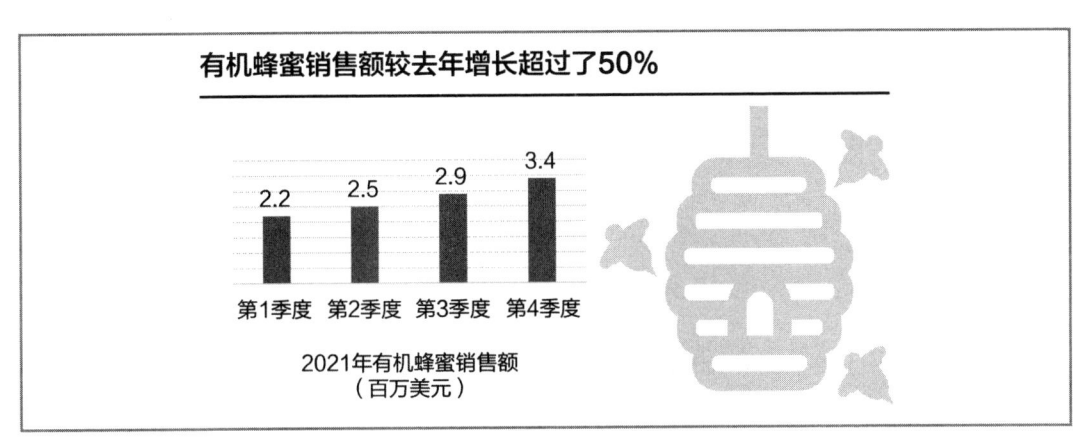

图 75a　喧宾夺主的装饰图形

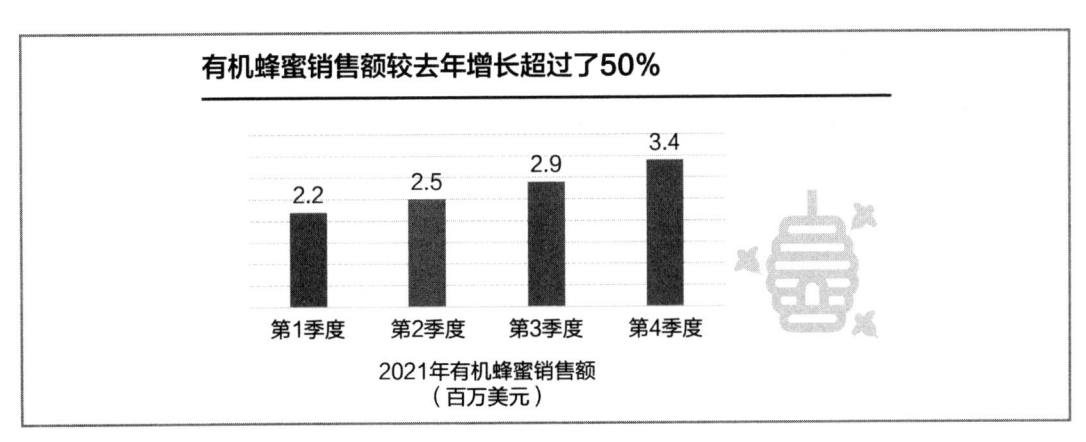

图 75b　融合得很自然的装饰图形

第 5 章　制作篇：图表和版式 // 131

提示 76：表格的格式要保持统一

本书一直说的一件事，在提示 35、提示 39、提示 62 和提示 72 中都有提到，那就是数据驱动演示中的统一性原则很重要。这个原则同样适用于数据表格的样式。如果你喜欢使用各行交替着色的表格，以便眼睛能区分各行数据，那就全篇都使用这种样式；如果你想用粗体和下划线标示总数，那么整个演示文稿都这么用。另外，同一张幻灯片上的多张表格保持样式统一，比不同幻灯片之间的统一更为重要，因此切记少在同一张幻灯片上使用不同样式的表格。

不要担心选用什么"最佳"样式，选定一种后坚持使用便好。观众的眼睛和头脑习惯了以某种方式读取信息，便更容易理解你的故事。一直使用哪怕是三流的样式，也比随意交替使用多种不同的样式更有效。

图 76a 中几个表格的样式各不相同，既增加了读取信息的难度，看起来也不漂亮。图 76b 中的表格统一了样式，幻灯片看起来漂亮多了，也更方便你解读其中的数据。

比尔班上得A的学生概览		
送礼情况		
送礼给比尔		92%
未送礼给比尔		8%
学生平均GPA		
主科		3.8
副科		3.5
总体GPA		3.7

每个学生的额外支持费用（美元）	
辅导费	550
考试费	75
总费用	625
学位课程	
数据科学专业	85%
其他专业	15%

图 76a 格式不统一，会分散注意力

比尔班上得A的学生概览

送礼情况	
送礼给比尔	92%
未送礼给比尔	8%

每个学生的额外支持费用（美元）	
辅导费	550
考试费	75
总费用	625

学生平均GPA	
主科	3.8
副科	3.5
总体GPA	3.7

学位课程	
数据科学专业	85%
其他专业	15%

图 76b 格式统一，看起来更整洁

提示 77：添加填充色，表格看起来更清楚

一张幻灯片上的内容越多，观众就越难在你讲话时消化信息。有时候难免一个表格必须包含很多行或很多列，如果你决定展示一个较大的数据表格，请尽量简单些，保证观众能看得清楚。不过请注意：你的首要选择应该是提示 22 中所说的，分成多张幻灯片，一次只介绍其中几个数字，尽可能让演示文稿容易懂些。

如果必须展示一张大表格，请遵循以下简单规则。第一，标题行一定要用填充色、加粗字体来突出；第二，用深浅交替的填充色区分各行的内容；第三，确保字号够大，并且在带底色的单元格内能够看得清楚。

图 77a 中的表格全是一种颜色，且所有单元格都不带边框以示分隔，也没有加粗字体。图 77b 中显示的是同一个表，只是加上了填充色、边框和粗体字这些元素，看起来更有层次感。还要加一句提醒，这类较为完整的表格最好放进附录中，只用较小的表格或图表，重点介绍你最想表达的观点。

捏造的男子高中运动员指标

指标	垒球	篮球	橄榄球	足球	网球	田径
身高	5'10"	6'4"	6'1"	5'11"	5'10"	5'9"
体重	175	200	225	165	165	160
参加精英私人联赛	60%	65%	40%	75%	40%	5%
参加高中运动队	75%	71%	87%	70%	91%	95%
使用私人教练	21%	17%	35%	15%	30%	10%
计划参加高校运动队	9%	5%	6%	7%	3%	10%

图 77a　不带填充色的表格

捏造的男子高中运动员指标

指标	垒球	篮球	橄榄球	足球	网球	田径
身高	5'10"	6'4"	6'1"	5'11"	5'10"	5'9"
体重	175	200	225	165	165	160
参加精英私人联赛	60%	65%	40%	75%	40%	5%
参加高中运动队	75%	71%	87%	70%	91%	95%
使用私人教练	21%	17%	35%	15%	30%	10%
计划参加高校运动队	9%	5%	6%	7%	3%	10%

图 77b　带填充色的表格

提示 78：不要给图表加边框

给表格和图表的周围加个边框，让观众更清楚地区分幻灯片上不同部分的内容，这听起来很合理。但是，事实上边框会让幻灯片看起来又杂又乱。不知道你有没有留意，本书中除少数几处外，表格和图表大多不加边框。这可不是巧合！

凡是规则，皆有例外。比如，上文图 76b 中的表格确实有边框，这里我们做了特殊处理，因为这几张表格较小，且大小相似，加上边框便于稍加区分。不过，这种情况比较少见，通常情况下边框只会让幻灯片更难看，而不是更好看。要说例外，表格加边框的情况要比图表多些。

与我们的直觉相反，幻灯片上的图形越多，你会越不想加边框。如果幻灯片上内容繁杂，你在考虑要不要用边框来区分，那么你应该把幻灯片拆成多张，降低复杂程度而不是加边框。

图 78a 用了图 80b 的内容，并在图形四周加了边框，看起来就不好看。图 78b 用了图 65b 的内容，也加了边框，看起来比原来杂乱多了。

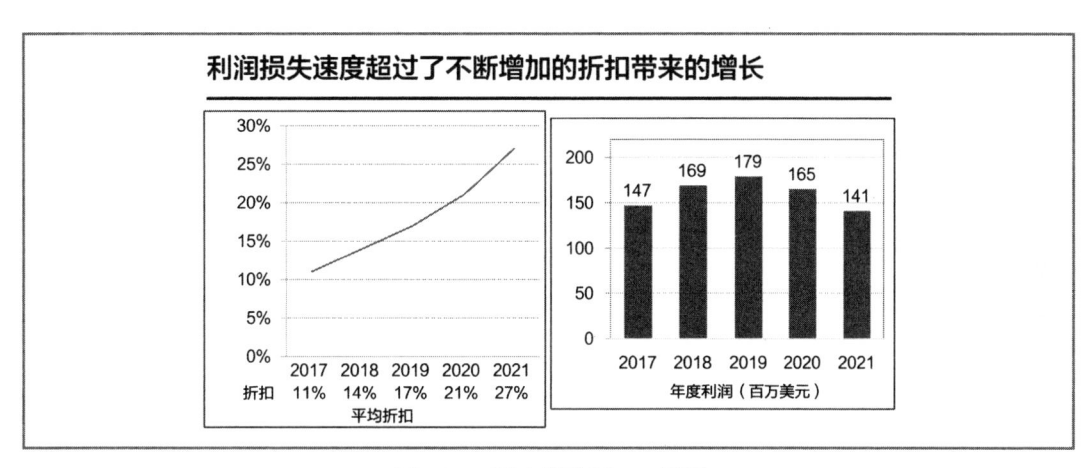

图 78a　图表带边框，不好看

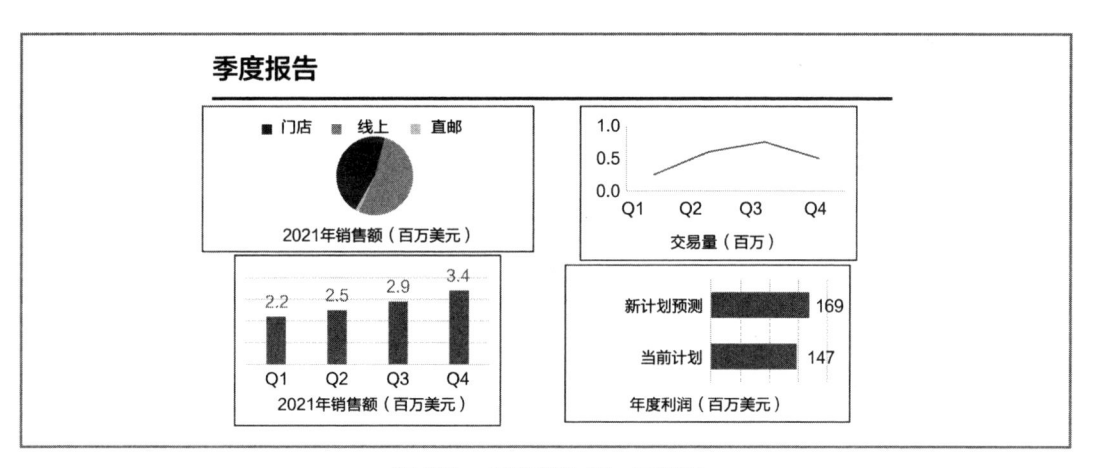

图 78b　图表带边框，不好看

第 5 章　制作篇：图表和版式 // 137

提示 79：数据分类不宜过多

如果你的数据包含了很多类别，有产品名称、地理区域、时间范围或者其他类别，你肯定想全部呈现给观众。如果数据的类别不多，你可以全部展示，但如果分类太细就不行了。太多的类别一并列出，表格或图表会显得杂乱不堪，观众根本无法解读。

处理类别众多的数据，主要的办法是只显示其中几个，将剩下的合并为"其他"。这样一来，既包含了所有数据，又不会弄得眼花缭乱。通常只有最大的那几个数据最为关键，所以你并不会漏掉重要信息。

最常见的办法是留下前 5 项或前 10 项，把其他更小的数据归入"其他"项。不过表格可容纳的类别比图表多，你可以大胆加进去。也有时候，某类数据具有特殊意义，哪怕不够突出，也可以单独列出来，将剩下的其他项组合在一起。如有必要，请准备一个附录，单独列出那些"其他"项的所有数据。

图 79a 中的饼图包含了太多的数据类别，看起来很乱，那些较小的数据根本看不清。图 79b 则只列出了前 5 大项，其余的归为"其他"项，更容易阅读和理解。

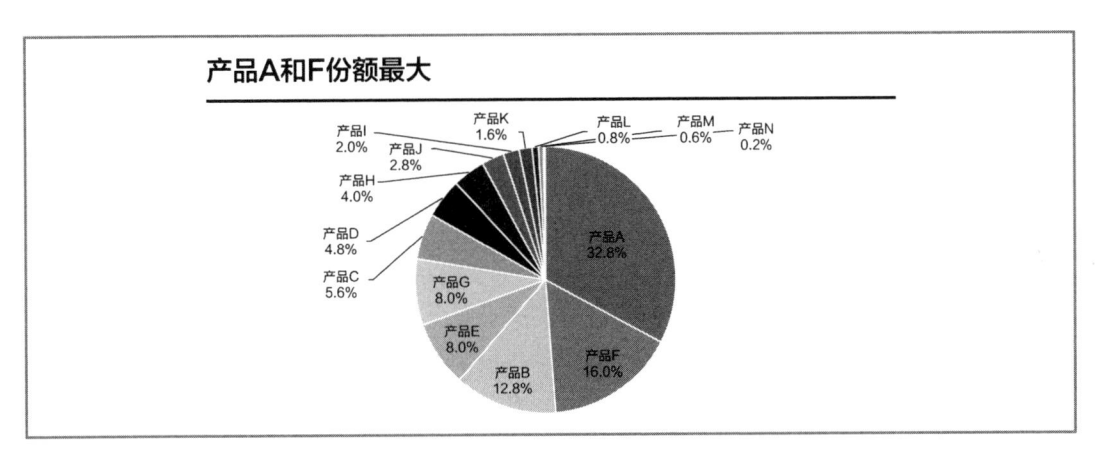

图 79a　分类过细的图表

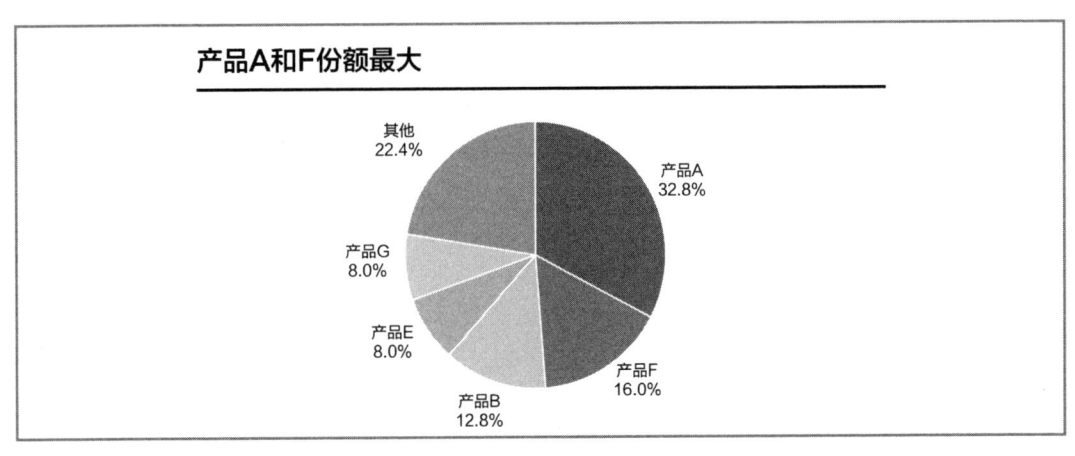

图 79b　包含"其他"项的图表

提示 80：加上数值标签

大多数人都想知道图表中某个点或柱状条纹的确切数值，因此默认加上数值标签最安全。只要你不加，观众中肯定会有人问你数值是多少，这是墨菲定律！

提供数值有两种办法：第一种是在各个点或条纹上方显示数据，这是普通图表的标准做法；第二种是在图表下面附带一个表格，这也是大多数图表的标准选项，这样你就不用单独再创建一个表格了。

图 80a 中的两个图表没有包含数值，这样的图表看上去美观、简单，却也能勾起观众的好奇，各个数值到底是多少。虽然从坐标轴上的刻度也能大概估算出数值，但毕竟挺费脑筋的。图 80b 中一个图表上有数值标签，另一个下方附带了表格，这两种方法提供的信息都足够丰富。你也可以提供数值标签，附加一个表格，不过这有画蛇添足之嫌，不建议使用。

当然，当图表重在从宏观上展现某种特定趋势或关联特征，或者具体数值实际上没有意义时，这个规则也可以打破。例如，我们用一张图呈现数年来通货膨胀的速度超过了成本增长的速度，人们不必费心去了解通货膨胀率和成本到底是多少，只要能清楚地看到多年以来两者之间的差距即可。

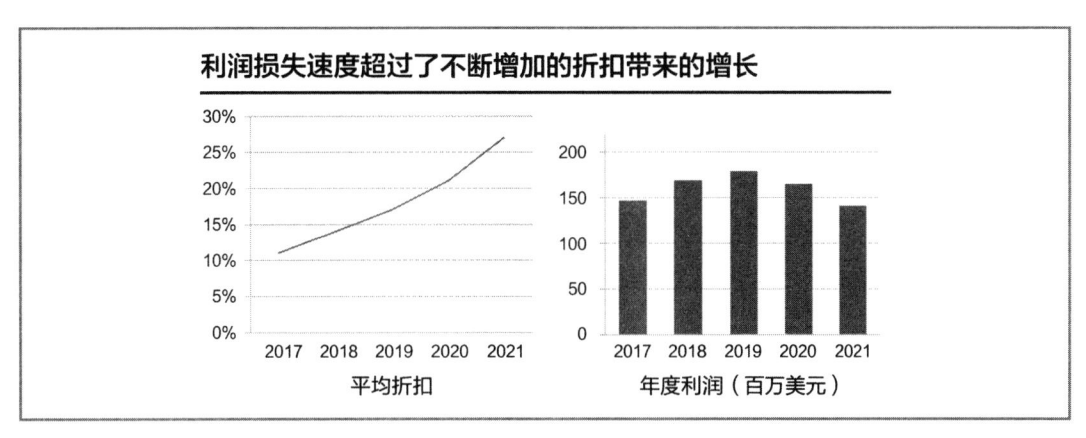

图 80a　数值标签未显示

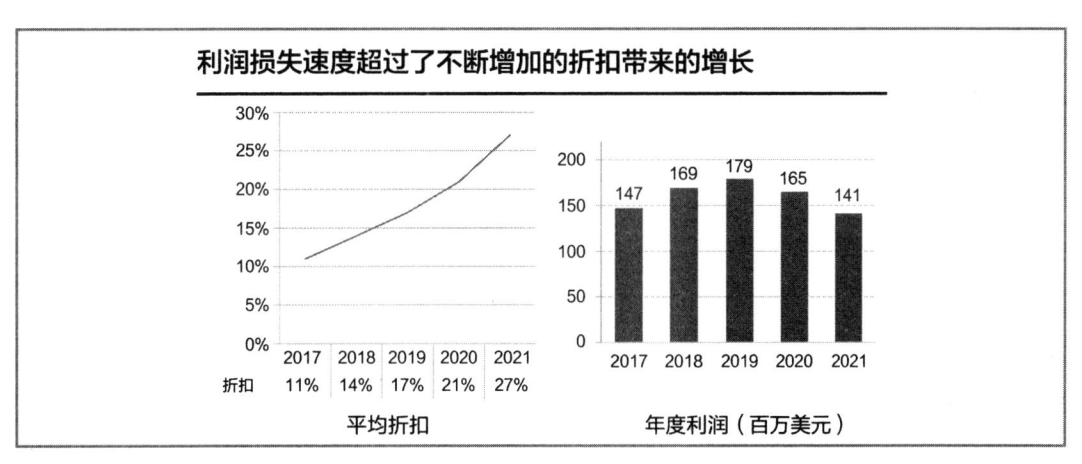

图 80b　包含了数值标签

第 5 章　制作篇：图表和版式 // 141

提示 81：避免使用堆积柱形图

许多人喜欢使用堆积柱形图（以及堆积条形图），我却相当讨厌，原因是你从堆积图上只能准确比较第一个数值，之后数值的起点无法对齐，因此很难进行比较。数据类别越多，在坐标轴上所处的位置越混乱，积累了一定数量，你比较同一类别的数据时会看到其中一个柱子的起点比另一柱子的终点还高，无论你比较的是百分比还是总数。

如果多项数值累加的总数最重要，那么只需用一个柱子来表示总数即可，完全不必通过堆积各个部分来呈现。而如果单项数据很重要，那么要用更方便查看和比较的样式来呈现，比如簇状柱形图。

图 81a 是一个堆积柱形图。可以看到，除了最底层的那一项数据，每一项数据比较起来都很吃力，最上面的那一组数据完全没有对齐，要想比较就更加困难。图 81b 是个簇状柱形图，使用的数据是相同的，尽管因为数据太多而显得有点杂乱，但这种样式更容易看出各项数据之间的差异。

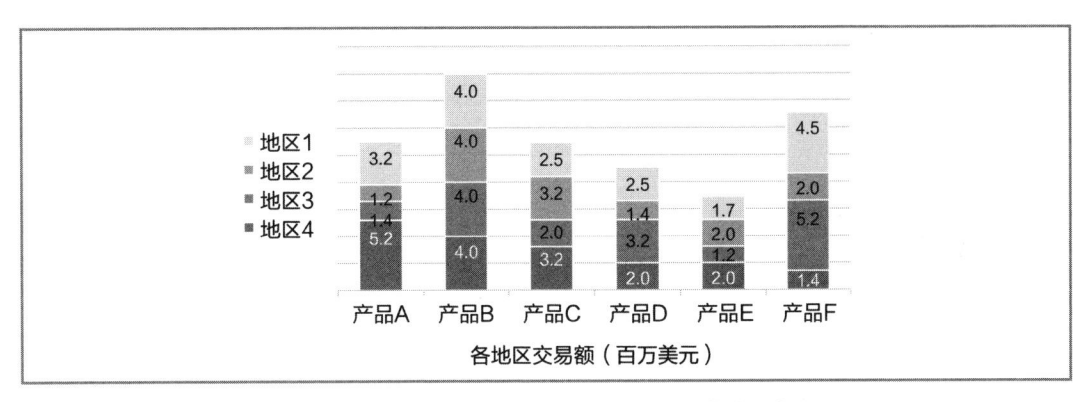

图 81a　除地区 1 外，很难比较各地区的交易额

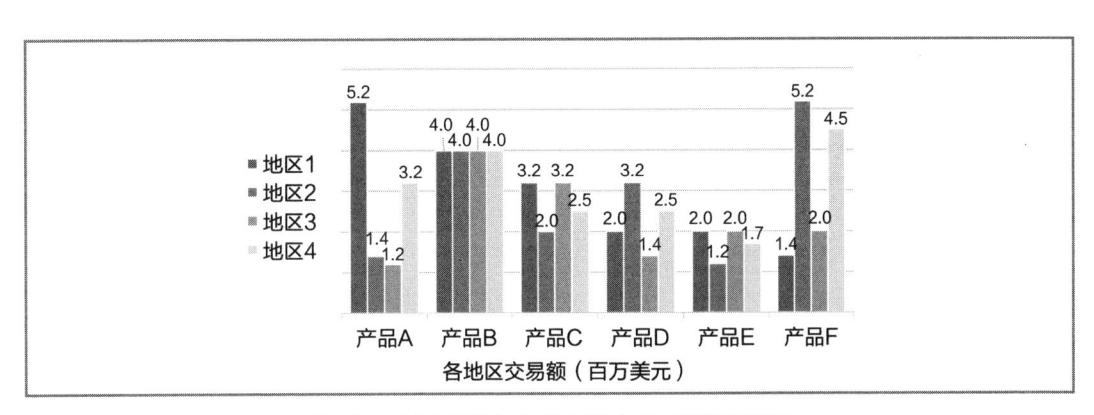

图 81b　按产品比较各地区的交易额要容易得多

第 5 章　制作篇：图表和版式 // 143

提示 82：因在横轴，果在纵轴

我们通常用散点图来展现一个因素与另一个因素之间的关联。有时候两个因素之间存在真实的因果关系，有时则不然。如果可能存在因果关系，常规的做法是将因放在横轴即 X 轴上。若不遵循这种做法，你的观众就该看不懂了。

即使你并不是呈现一种因果关系，有时候人们也遵循某种逻辑规范。例如，虽然身高不会直接导致体重增加，但是身高越高、体重越重，比体重越重、人越高更合乎逻辑。所以，应该把身高设为 X 轴。

再来考虑平均每天摄入的卡路里与体重增加之间的关系。摄入的卡路里越多，导致体重越重，但体重增加不会导致你摄入的卡路里更多！图 82a 的 X 轴为体重增长量，Y 轴为每日摄入卡路里，这会让大多数读者感到怪异，因为通常这种图表会在 X 轴上显示原因，即每日摄入卡路里，如图 82b 所示。而图 82b 看起来更自然些。

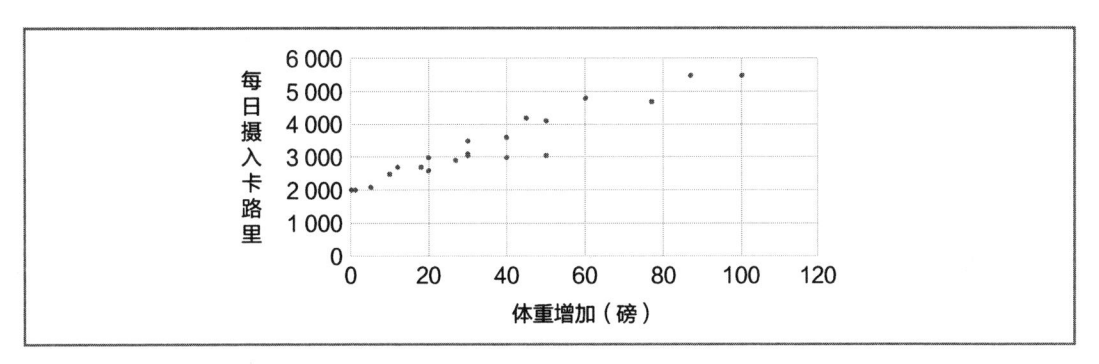

图 82a 这样的布局意味着体重增加导致每日摄入卡路里更多

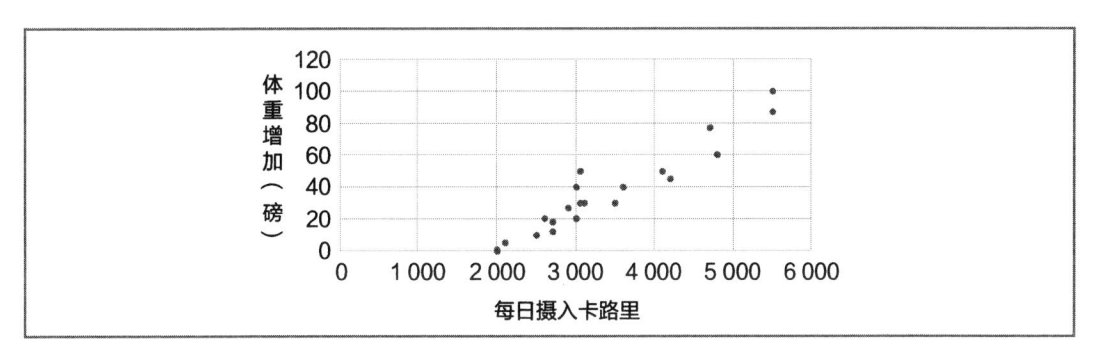

图 82b 这样的布局意味着每日摄入卡路里增多会导致体重增加

第 5 章 制作篇：图表和版式 // 145

第 6 章

发表篇：演示的最后准备

完成演示内容的制作后，必须准备发表演示并开始练习。知道自己要说什么，预测观众会问什么问题，并确保自己语言表达流畅，这些对成功演示都至关重要。没有适当的准备，你此前的所有工作很可能会前功尽弃。以下是本章要讨论的一些理念：

- 向知己朋友和/或项目出资方寻求帮助。
- 根据观众的不同适当调整演示内容。
- 做好大幅压缩演示的心理准备。
- 准备好多个预案，应对可能出现的问题。
- 确保重点清楚、突出，讲述得恰到好处。

最后这一步准备工作，是你确保信息准确无误、观众能跟得上你的幻灯片思路，以及你成功传递自己想表达的观点的最后一次机会。在最后的准备阶段，你总会发现有些地方需要微调，也总有一些表达可以更清晰、更简洁。最重要的是，你借此发现哪部分内容最强或最弱，调整演示的节奏，争取获得最佳效果。

提示 83：一定要练习演示

如果没有事先演练，你便无法掌握你的演示需要多长时间。下次在完成演示文稿后、正式发表之前要估算一下时长。几乎可以肯定你不会卡点结束，甚至往往会出现大比例差距，可能比预计速度更快完成，也可能更慢；如果速度更慢，时间不够了，结果要么是不能全部讲完，要么只能加快速度、草草收场。

强迫自己提前演练，除了估算时间，你还能发现哪些部分自己讲得很流畅、哪些部分磕磕绊绊，哪些内容更强、哪些略弱，以及哪些纯属多余或者存在太多技术细节，你可以根据这些发现对演示节奏做出调整。我自己经历过很多次这种情况，自认为一切尽在掌握中，但是一经演练，仍会发现有需要修改之处。我还经常会碰到一些地方很难找出合适的词语来清楚表达自己的观点，于是我就集中时间和精力有针对性地推敲这部分内容。

有些人反对事先演练，觉得独自在一个房间里做演示看起来很傻。但是，想一想书面文件，会有人不检查一番直接把初稿发出去吗？不可能。大家都明白，文档要经过多次编辑修改才能达到所需的水准。为什么演示可以不这样呢？即使不是书面表达而是口头表达，却同样是按一定的次序、使用合适的词句、清晰简明地传达你的信息呀。许多人会对幻灯片文稿进行多番修改、编辑，但不知为何不认为有必要对这些内容的讲述方式及过程进行修改。事实上如果觉得自己一个人演示有点傻，也可以请一两个好友参与，为你提供反馈意见（见提示 84）。

如果同一内容你已经演示过多次了，胸有成竹，那么可能不需要再完整地演练一次，因为你已通过之前的正式演示达到这个目的了，但是仍应该快速浏览一遍，回顾一下具体内容。我在工作中已就不同话题制作过成千上万张幻灯片，我的做法是准备一个日志，记录每一张幻灯片大概需要多长时间，这样即便不演练，我也能相当准确地估算出一组新幻灯片的时长。不过，假如我有一段时间没有使用某些幻灯片，仍会再练习一遍，重新预演每张幻灯片的讲述方式。另外，一旦创建一组新的幻灯片内容，我会马上计时并估算大概时长。

如果你还不习惯对着观众演示，可以在演练时录个视频，磨炼演示技能。理想情况下，你应该在真正的演示场所进行预演、录视频，无论是在会议室、大会讲台还是在虚拟平台上。仔细观看你的预演视频，你会看到意想不到的五花八门的问题。比如，你可能发现自己的声音太小，因为大多数人身处压力中讲话都不会太大声。或者语速过快，或者经常低头看笔记，或者一直挠头。找出提升演示水准的诀窍，换位成观众来观看和倾听自己的演示是一种绝佳手段。

提示 84：向好友求助

在整理数据驱动演示文稿时，无论多么努力，你总会有失误。可能因为某个盲区，你忽略了某几个研究发现之间的重要联系；可能你设计好的演示流程并不能有效传达你的信息；也有可能你的某个观点对观众而言缺乏实际意义，而你没有意识到这一点。

有一个极好的办法找出此类失误，那就是在做最后准备时求助一个或多个好友。向外部友人预演一遍，获得真实的反馈意见，标出演示中哪些部分还需要多加注意。尤其是一场意义重大的演示，如果进入会议室前除了你自己或项目核心成员外没有任何人看过，会非常冒险。你可以考虑求助以下两种类型的友人参与这个过程。

首先是来自项目扩展团队的成员，他们对这个项目类型和方法论都很熟悉，但并不熟悉具体细节，这样的知情人可以带着新鲜的视角以及专业的知识，找出其中前后矛盾或出现的漏洞等专业上的失误。其次是项目出资方的成员，无论是公司内部的业务部门同事还是某个外部公司的员工，一些不具备与项目相关的专业知识但是你非常信任的人。这样的知己可以帮你找出非专业观众感到困惑或不明白的问题所在。最重要的是，他们可以验证，你的研究结果以及建议的定位方式能否真的引起你所期待的观众共鸣。

在咨询行业，我们总会从客户那边寻找一位对我们友好且愿意帮助我们达成目标的内部顾问，以便我们能够为他所在的组织带来最大化利益。如果有人非常了解你的观众，从他那里获得真诚的反馈，其重要性再怎么强调也不过分。一个内部顾问掌握你无从知晓的内情、与项目有关的微妙人际关系，能够指导你如何强化你的内容以及演示方式。

当然，向好友求助必然需要时间，之后还需要更多时间来根据他们的建议进行调整，因此这件事不能拖到最后一刻才做。根据提示 10 所说，你一定要提前预留出足够的时间，否则演示之期临近，你可能来不及向好友咨询。一定要防止这种情况发生！

提示 85：演示的准备也不能过度

要说我们有可能过度准备了一场数据驱动演示，听起来很奇怪，但事实确实如此。我们刚刚在提示 83 和提示 84 中讨论了准备工作的重要性，还会在提示 101 中讨论逐字读出幻灯片内容的风险。比逐字读出幻灯片内容稍好一点儿的，是你经过多次演练、完整记住了文稿的内容，于是你讲述的时候听起来既无聊乏味又机械单调。准备工作很重要，但若准备过度，也会适得其反。

你当然想花点时间排练一下要说的话，但一定要点到为止。我的做法是记下每张幻灯片的几个要点，提醒我这张幻灯片上要提到哪几项主要内容。我不会逐字逐句地写出讲稿，而是刻意只写几个要点。当然，要说清楚这些要点需要用更多的语句。但是由于没有事先写好详细脚本，我只能依靠临场发挥来阐述。尽管每一次我所讲的内容和方式都会略有不同，但对观众来说，听起来更自然、更真实，更像在与观众对话。

另外，哪怕你只写了几个要点，也可能因为排练太多次，听起来就像是在背诵而不是讲述了。自己找到最合适的状态，只要对材料有足够的了解，大概知道每一张幻灯片要说些什么，然后就此打住，相信自己到时候一定能很连贯地讲出来。

如果你一定要事先准备一份讲稿，否则会感到不踏实，那么两害相权取其轻，就用讲稿，总比你无法表达观点、一直结结巴巴或不着边际要强，但是要把脱稿演示作为一个目标。当你参加会议时可以留意一下演示者，我保证你能很容易分辨出谁在读稿、谁在自然地讲话，即使闭上眼睛无法看到对方是否在看稿，也很容易分辨出两者的区别。读稿还是脱稿，你完全可以听出来。你若自己能听出差别，也能激励自己演示时不再依靠讲稿。

提示 86：根据观众类型调整你的故事

你刚刚为市场部做完一次专场演示，现在要求你下周再向财务部演示一遍。这是好消息吧，你可以把演示文稿和你讲述的内容原样带到下一场？错！市场部感兴趣的是如何利用你的发现来改进宣传口径、锁定目标客户、进行市场细分等工作，但是财务部想知道投入产出比（ROI）是多少、未来会产生多少营业收入。很遗憾，同样的演示，对一类观众很有价值，可能对另一类没有意义。依提示 5 所说，你必须了解每一场观众的类型，并相应地调整你要发表的演示内容和方式。

我的好友布伦特·戴克斯（Brent Dykes）在其所著的《高效讲好数据故事》（*Effective Data Storytelling*）一书中有个很好的例子可以解释这个概念。这里我稍微改一改这个例子。我们都知道经典童话故事《小红帽》，故事被改编成很多部电影。你会不管观众是谁，随意抓来一部电影就在一场活动中放映吗？我想你不会！图 86 列出了好几种不同的电影版本，每一部的表现方法都大有不同。

影片名称	导演和上映年份	影片类型
摩登小红帽	兰德尔·克莱泽，2006年	平台电影
小红帽	科瑞·爱德华兹及托德·爱德华兹，2005年	现代动画喜剧
复活的小红帽	贾里德·科恩，2016年	恐怖电影
小红帽	Toshiyuki Hiruma, Takashi，1995年	经典动画喜剧

图 86　同一个故事，不同的目标受众

如果你在孩子的生日派对上放映恐怖电影《复活的小红帽》，可能再也不会有人来参加你组织的家庭聚会了！在孩子的聚会上，你最好放映动画版《小红帽》，但是在万圣节晚上大学生派对上播放《复活的小红帽》，一定大受欢迎。这里的重点在于，不同的观众希望以不同的方式听到同一个故事。无论你放映哪个版本的电影，观众都会了解这个故事的基本情节，哪怕展现基本情节的具体方式千差万别。在某一类观众中大获成功的影片，在另一类观众中可能遭遇惨败。

发表数据驱动演示时也是如此。市场部关心的是你推荐的行动方案将如何提升营销效果以及客户如何看待这些方案，财务部关心的是成本和 ROI，而法务部关心的则是如何确保公司不会面临法律风险。最终，你的整个故事和推荐方案对每个观众都是一样的，但是面对不同类型的观众时，你要强调不一样的重点、排列顺序也不相同，这样你的演示才能取得成功。

面对市场部时，略过法务问题，深入讨论预计将如何促进市场增长；面对财务部时，略过市场增长，把重点放在成本和 ROI 上。所有观众都会听到完整的故事，但他们希望你的演示能回应自己的具体期待。往往你会用同一套演示文稿，大部分一字未改，只不过要改变讲述的方式，以及每一张幻灯片所用的时间。不管怎样，根据不同的观众调整演示内容及方式是必须的。

如果面对的观众人数较多、背景复杂，可试着对每个人的需求都稍微关注一下，同时向观众说明，因为大家的利益点各不相同，如果有观众想更深入了解自己关注的细节，需要额外再做交流。人们会理解，面对如此庞大的群体你无法精准满足每个人的需求。不过，对那些你最想要影响的观众，他们的问题你要给予更多关注，讲得多一点。

提示 87：关注时长，而不是幻灯片页数

我一听到有人为在给定的时间内应该准备多少张幻灯片而发愁，就啼笑皆非。这可不是正确的做法，而且一张幻灯片应该耗时几分钟，大家的看法各不相同。我听到的经验之谈有每张幻灯片 1 分钟、2 分钟甚至 5 分钟，哪个正确？都可以正确……内容不一样罢了。

每张幻灯片都不一样。我有一些幻灯片用 30 秒或更短的时间就能讲完，还有一些幻灯片我会讲上 10 分钟或更久。如果你的讲述足够引人入胜，并且准时结束，观众甚至不会留意你总共有多少张幻灯片。

图 87a 这张幻灯片的内容简单，很快就能讲完；而在图 87b 这张幻灯片中，产品生命周期的每个阶段都需要你花几分钟时间讲解一番，还要说说各阶段之间的关联。

如果幻灯片中添加了动画功能（见提示 23），时长就更模糊了，因为有了动画设置，一张幻灯片可以顺畅地变成多张。我见过很多演示者使用复杂的动画将多张幻灯片融入一张中，时长限制更无法固定。我自己也会这样做。

我们要努力争取创建一份简洁明了、幻灯片页数尽可能少的演示文稿。但是，幻灯片页数并不重要，重要的是你既要达成演示目标，又能控制好时间。如果你经过提示 83 中所说的演练，显示你能在限时内结束，就不要过分纠结于幻灯片需要多少页。用时刚刚好就行了！

项目组成员

核心项目团队由以下成员组成：

- Joe Winesalot
- Sheck Cho
- Jane Smith
- Mark Meewords

图 87a　可以快速讲完的幻灯片

产品生命周期的几个阶段

我们来回顾一下产品生命周期的每个阶段

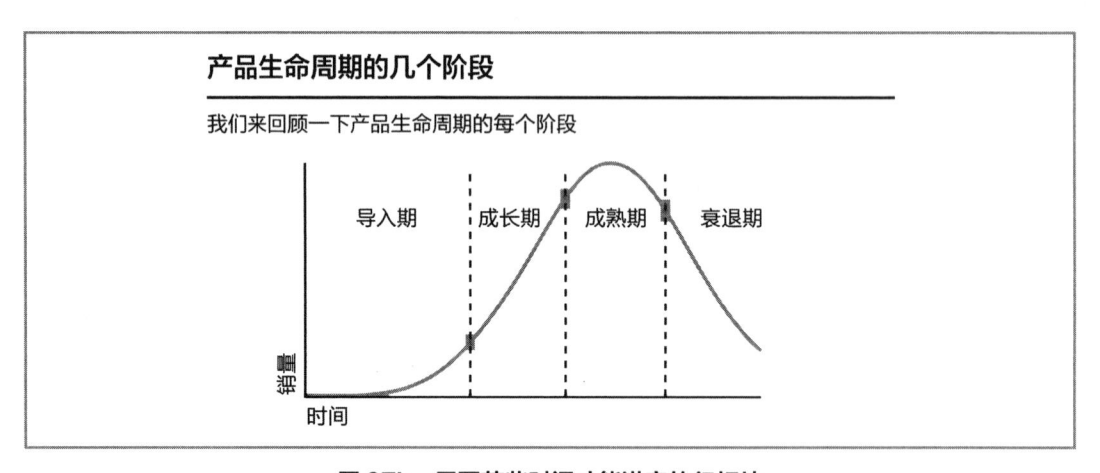

导入期　成长期　成熟期　衰退期

销量

时间

图 87b　需要花些时间才能讲完的幻灯片

提示 88：始终做好压缩演示的准备

我们在提示 8 中谈过演示长短的不同，你可能希望只做长一点的演示。如果你有这样的心思，那么我要告诉你，即使别人邀请你发表一场较长的演示，你也必须做好压缩演示的准备。"这怎么可能？！"你不相信吧？

即使没有安排正式的问答环节，你一定要相信会有人向你提问。还有，参会者陆陆续续进入会议室、入座，肯定也会浪费一点时间。接着有人迟到，大家互相自我介绍、寒暄一番，又损失一些时间。再者，除了你的演示，可能还有其他议程，一旦先于你的发言者拖延了，后面的议程就只得压缩时间。不过，上述这些都不是最大的"时间窃贼"。

你的观众级别越高，就越有可能迟到、早退，或者中途离场。这些状况都会影响你演示的时长。我的职业生涯中曾多次出现一个小时的会议在最后时刻变成只有 15 分钟、20 分钟的情况。有一次我和一位首席营销官的一个会议，从预定好的 1 个小时变成在大厅里边走边聊 5 分钟。幸亏我准备了一个"电梯游说"[①] 版本！

这就意味着，如果你没有准备好在必要时快速表达所有关键点，就可能无法讲完你的故事，最终观众扫兴而归。如果你不能完整阐述所有观点，无法得出结论，也就很难说服观众。

因此一定要早做决定，万一时间紧张，你要提前准备好先删、再删哪些内容，这样到时候更容易进行调整。我认为自己做得最好的演示，是最终我不得不大量压缩内容、压缩到自己有点无法接受的程度的那几次。提前做好了减少内容的准备，我便能随机应变。因为时间

---

① 电梯游说（elevator pitch），又称为电梯演讲、电梯法则，利用乘电梯的时机向客户成功推销某个产品，意思是要用极具吸引力的方式简明扼要地阐述自己的观点。——译者注

紧迫，迫使我能够高度集中、高效地完成演示。所以，无论你有多长时间，紧凑而高效地完成演示都是观众想要的。如果观众明知自己缩短了你的时间，你仍能完美地完成演示，他们必然对你刮目相看。

我们将在提示 98 中讨论为什么一定要准备多个备份方案，应对会场上可能出现的技术故障。其中一个方案是幻灯片打印版。我非常喜欢 PowerPoint 的一项功能，可以在一页纸上打印四张、六张或九张幻灯片，你可以看到下一张幻灯片的内容，提示你下面要说些什么，如图 88a 所示。

在打印版上做好标记，一旦时间不够可以跳过哪些幻灯片，或者按什么优先级排列。如果你在前面耽误了太多时间，可快速隐藏需要跳过的幻灯片；如果你的演示时间延迟了，直接跳过一些幻灯片。我曾有很多次低头看了看我的幻灯片预览，心想："那张幻灯片我要跳过。噢，又有人提问了，这张我也得跳过。"我用笔在上面做上记号，如图 88b 所示，这样我在面临压力时也能表现得不慌不乱。

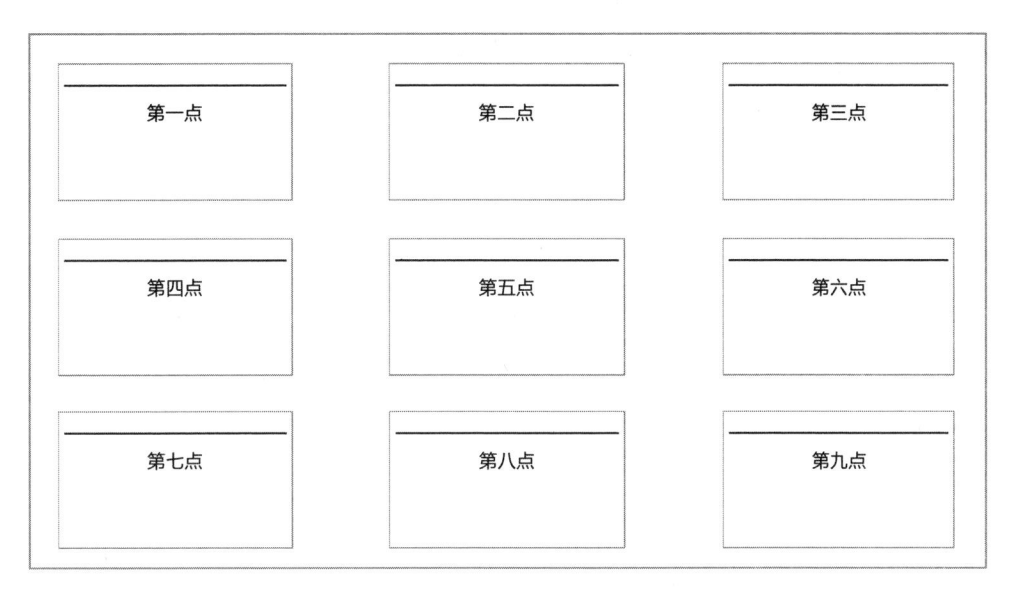

图 88a　PowerPoint 有幻灯片多页打印功能

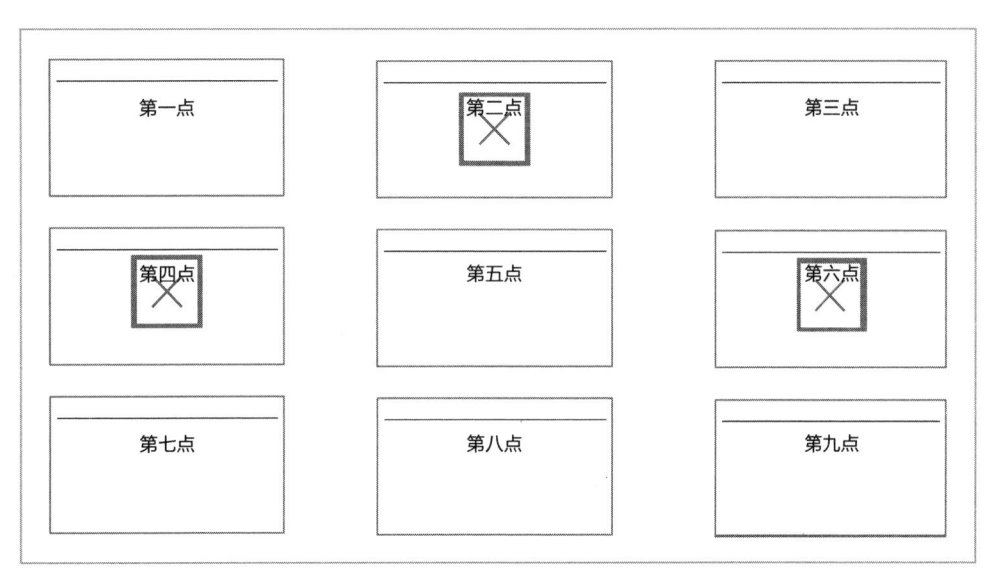

图 88b　在跳过的幻灯片上做个记号

提示 89：观众不会知道哪些内容你没讲

我们在前一篇提示 88 中讨论了如果时间紧迫就可以跳过一些内容，这会让包括你在内的许多演示者感到不安，因为你知道自己讲了什么，也很清楚哪些内容没讲。但是请记住：观众只知道你讲了什么内容，他们根本不知道你还有内容没有分享。如果你成功地让观众同意采取某种行动，他们就很满意了，根本不会察觉自己还有什么内容没有听到。

其实这条提示在实践中较难应用，连我自己都必须经常提醒自己不必担心那些必须跳过的内容。我当然很清楚那些内容能增加价值、令演示更精彩，但是我强迫自己换位思考。除非跳过的内容包含极为重要的信息，会从根本上改变观众的看法以及采取行动的意愿，否则这些内容即使不讲，也没什么大不了。

这一提示可以在你做演示准备时发挥作用，但不是在最后一分钟被迫缩短演示时才有用。通常我会有一系列自认为值得一提的要点，但是整理好后发现，很显然我的内容太多了，在给定的时间内讲不完。这时候我必须做减法。我在斟酌要删掉什么时，会重点找出那些对我的故事影响最小，或者与其他部分相比最多余的内容。这样我总能找到办法，既能删除一些内容又能让自己满意，还能让观众满意。我接受删减内容的必要，删掉一部分，然后继续往下讲。

我在行业大会上主持过很多次嘉宾讨论环节，这一提示在这种环节中也能发挥作用。我总有一系列问题想问嘉宾，但是不可避免地，会有嘉宾发言时讲得太多、太久，观众也会提问，我不可能提出所有问题。尽管有些问题来不及问会让我有点失望，但我会提醒自己，观众根本不知道这些问题的存在。如果嘉宾讨论热烈而顺利，谁会在意主持人有问题还没问？

再用这本书来说明这一提示的作用：请问，你能说出这本书最初计划过但最终被删掉的一两个话题吗？肯定不能！

提示 90：适当缩放数据的尺度，使其更具相关性

对研究对象进行分析时使用的数据尺度，会影响观众对其结论的理解。非技术型观众不太善于处理特别小或特别大的数字，例如，某个非营利组织声称："我们每次为学生提供一学期的免费辅导，他们的考试成绩就会提高 10 分！"这是个让结果变得很具体、相关性很强的好例子。

这里说的是，你必须确定什么尺度的数据最利于观众接受你的结果。试想，如果你说"我们每投入 1 美元用于免费辅导，学生的考试成绩就会提高 0.01 分"，1 美元是一笔很小的钱，每 1 美元带来的结果也很小，因此这种表述听起来并不吸引人。怎么办呢？改变数据的量级！你可以说："每投入 1 000 美元进行免费辅导，学生的考试成绩就会提高 10 分。"两组数据的数学关系完全相同，这种说法却更让人印象深刻，并且这个数据尺度也很合理，因为一学期的辅导费用差不多正是 1 000 美元。

类似地，数据分析结果经常被用来描述概率。"每一年喝一杯伏特加，因醉酒而受伤的可能性就会增加 0.1%"，听起来并未让人觉得很糟糕；若"每一年喝 1 加仑[①]伏特加，因醉酒而受伤的可能性就会增加 10%"，这么说会更让人忧心吧。所以，再说一遍，使用什么尺度的数据，会影响信息的意义和人们的感受。

图 90a 中是一个很有意义的观点，却用了一个不合适的数据尺度来解释，听起来毫无意义。图 90b 调整了数据尺度后，便能引起人们的注意了。

---

① 1 加仑（美）=3.785 412 升。

在荒野中迷路是极其危险的

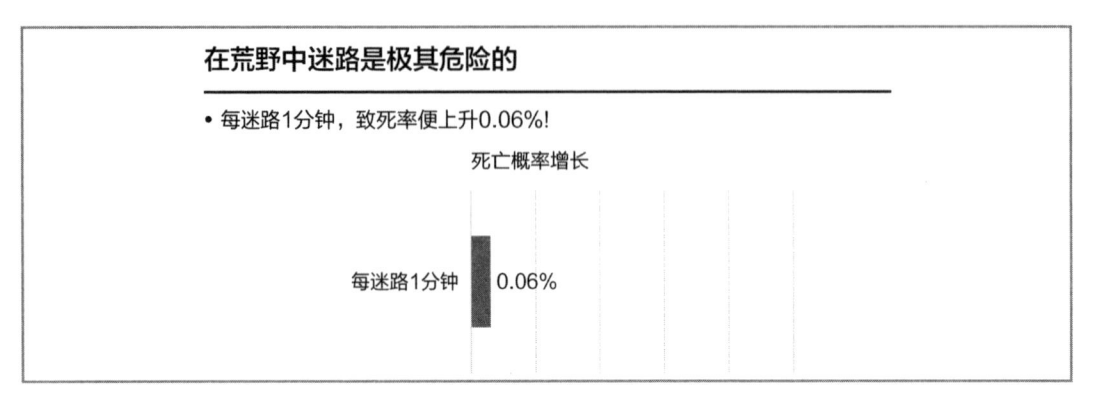

- 每迷路1分钟，致死率便上升0.06%！

死亡概率增长

每迷路1分钟 ┤ 0.06%

图 90a　这样的数据尺度让人觉得相关性不强

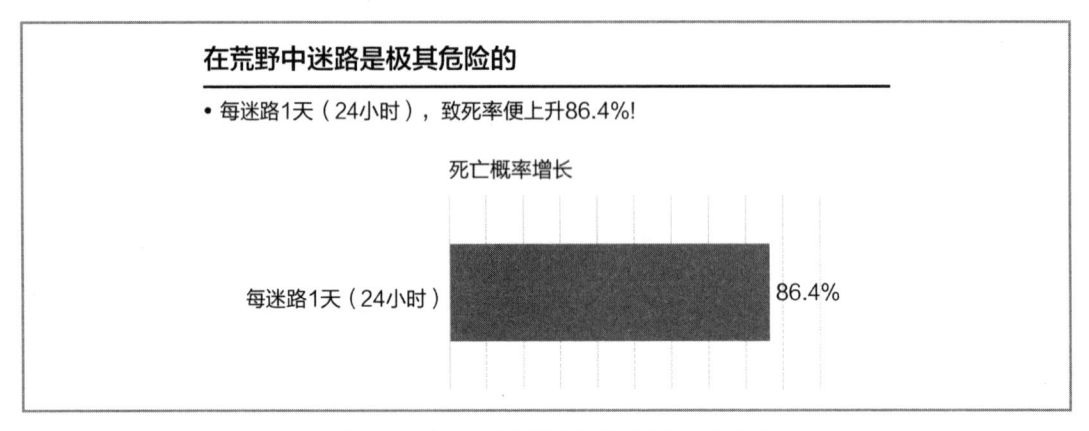

在荒野中迷路是极其危险的

- 每迷路1天（24小时），致死率便上升86.4%！

死亡概率增长

每迷路1天（24小时） ┤━━━━━━━━━━ 86.4%

图 90b　这个尺度的数据更能吸引人的关注

提示91：表述清楚你所谈内容的意义所在

尽管我们都知道，数据驱动演示应该越简单、直接越好，却仍有可能所谈的内容过于复杂，观众不易理解。这种情况下你必须直白地说明你做的工作能解决以及不能解决什么问题！解释清楚适用范围，再询问观众有无疑问，并要一直留心观察观众是否能够理解你的结论。

如果一场演示给观众留下了大量谜团，尤其是对非技术型观众，一个常见的原因是他们觉得你的表述不清不楚。你不仅要非常准确地解释你使用的特定词语，这一点在提示31、提示33、提示56、提示57中都探讨过，还要明确说明你的研究发现在哪里适用、哪里不适用，不能让观众听完演示后做出错误的决定，把你的发现用在了不该用的地方。

举个例子，一个机器学习模型可以预测哪些客户会逾期付款。这个模型准确来说只会判断某些特定客户是否可能会逾期付款，并没有说它能判断客户会逾期多长时间。你需要根据这个模型预测某些客户会逾期付款后，再建立第二个模型来预测他们的逾期时长。这两种模型，对不熟悉这个领域的人而言貌似差不多，观众很容易混淆，因此你必须清楚地解释二者的区别，演示时每一次说到模型都要清楚说明你指的是哪一个。

有个办法可以验证你解释得是否清楚，那就是向观众提问，请他们来回答如何应用你刚介绍的内容。如果他们磕磕巴巴，或者显然不知道如何回答，那么你就需要重新解释一遍，帮助他们理解。另外，如提示84所说，向友人求助，对着他们做一次演练，也可以借机检查一下是否存在这个问题。

在准备幻灯片以及故事线之初，就要同时考虑如何准确地解释每一条数据及其意义。你的规划和练习做得越好，确保演示内容准确、清晰（见提示83），你的演示就越能给观众留下这样的感受。

提示 92：如存在伦理问题，要主动声明

由于数据泄露、伪造研究结果、个人信息侵权等行为层出不穷，全球各地的人对伦理道德和隐私问题变得更加敏感。如果不主动考虑与你从事的科学或分析工作相关的潜在伦理道德问题，你将承担巨大的风险。所以，如果有任何相关的隐忧，你都有责任提前告知观众。

我从事的是信息分析和数据科学方面的工作，伦理话题贯穿着一个分析项目的全过程，包括项目构思、流程创建以及应用部署等各个阶段。图 92 是一个通用的、有代表性的信息分析流程。每个阶段我们都应该考虑将会涉及哪些伦理问题？

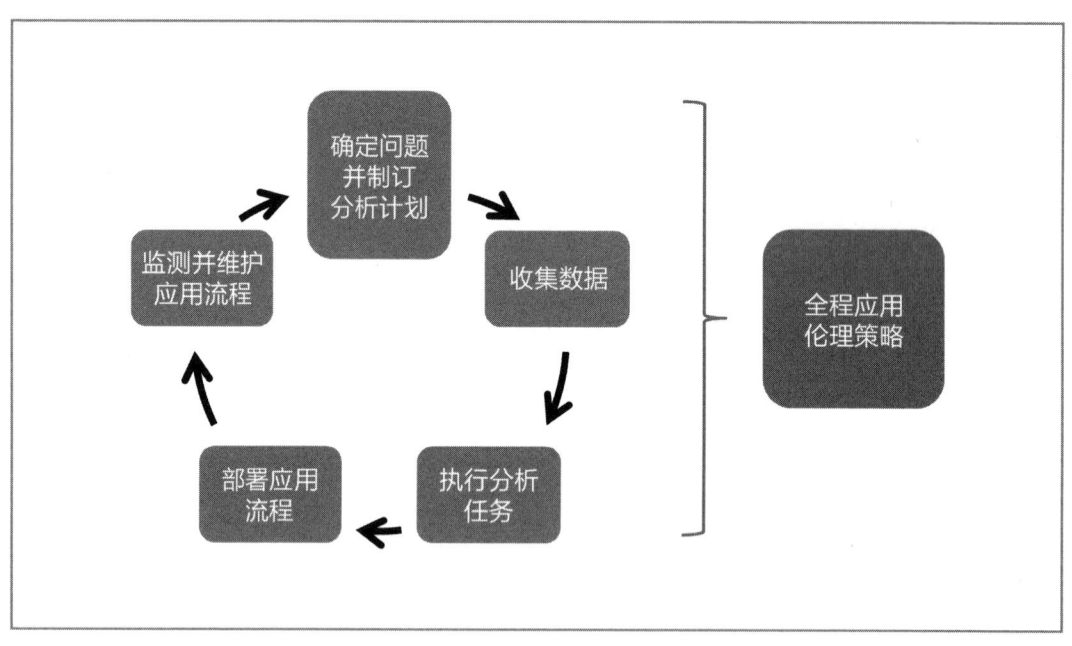

图 92　哪些地方需要考虑伦理道德问题

1. 确定问题并制订分析计划。
   - 你要做的事合乎伦理道德吗？例如，预测哪些员工会患上精神病并打算解雇他们，这便不合乎道德。
2. 收集数据。
   - 你将这些数据用于计划中的这个目的，合乎伦理道德吗？例如，将员工的医疗记录与其信用记录进行关联，合适吗？
3. 执行分析任务。
   - 已建成的数据模型，是否存在对某些群体的歧视？
4. 部署应用流程。
   - 是否有某种控制措施，确保该模型只能按预期使用？
5. 监测并维护应用流程。
   - 是否有某种协议，确保该模型只能按预期使用？

因为我们的工作中存在众多伦理因素，我专门就这一话题出版过一本书，名为《从事数据科学的每个人都应该知道的 97 件有关伦理的事》(*97 Things about Ethics Everyone in Data Science Should Know*)。至少我们应该承诺，在自己从事的任何技术工作中都要考虑伦理道德问题。主动提出伦理道德问题，不仅正确，也是为了保护你和组织的声誉。

提示 93：使用简化的图示

我们已经在前文中多处讨论了必须保持幻灯片内容简洁、易于理解和直观，这一点还可表现为采用极其简化的概念性图示来表达重要数据的意义，不用观众费力去消化理解不必要的、复杂的细节。在做最后准备时，可以借此机会发现可进一步简化图形、图表的地方。

机器学习模型可生成一些参数用以表示如何通过一个因素预测另一个因素，例如，如何通过收入水平预测葡萄酒消费的能力。在一份正式的书面报告中，肯定必须包含相关的参数数值、模型诊断方法等详细信息；但是在演示时真的有必要向观众展示所有这些细节吗？不需要！让他们在头脑中比较那些复杂的数字，并不是你想让观众做的事情，他们应该专心听你的讲解。

在使用诸如参数估计这样的相对测量法时，一种选择是只关注每个参数的方向和相对大小或重要程度，因此可使用图标表示，如箭头或指针，而不是列出原始数据，观众可以很快看出哪些是正的、哪些是负的。如果他们真的对参数数值感兴趣可以提问，你可以跳转到包含了数字的附录。根据我们在提示 19 中所说，要把详细数据放进附录中。这样一来，你介绍起来更直截了当，也更方便观众理解你的主要意图。

图 93a 的表格中列出了参数的数值，这是常见做法，非技术型观众可能不确定该如何解读这些数字。图 93b 则用箭头更直观地表示出来，观众可以毫不费力地理解你的核心信息。

影响葡萄酒消费的几大因素

- 年龄和收入的影响最大

模型参数

影响因素	参数估计
年龄	5.2
教育水平	1.3
收入	9.7
是否吸烟	−1.4
#附近是否有酒庄	0.2

图93a 列出精确数字的常见做法

影响葡萄酒消费的几大因素

- 年龄和收入的影响最大

模型参数

影响因素	参数估计
年龄	↑
教育水平	→
收入	↑
是否吸烟	↓
#附近是否有酒庄	→

图93b 强调总体方向的简化法

第6章 发表篇：演示的最后准备 // 165

提示 94：低价值的信息无须展示

这又是一条非常显而易见的提示，但是此类错误屡见不鲜！很少有人会反对展示低价值信息毫无意义的说法，所以你也不要做这种无意义的事。然而，信息的"价值"取决于其所处环境以及人们的视角。在做最后的演示准备时一定要留意，是否有些信息并不如你当初编写时以为的那样有价值。

比如，对几个传感器进行测试，看看是否有些品牌的传感器故障率要高一些。从技术角度来看，应该列出故障率的详细数据，展示各品牌传感器哪怕最细微的差别。但是，如图 94a 所示，表格中的数字几乎差不多，能提供给观众的价值很小。因此，不要让观众看一张有 10 个几乎相同数字的表格，这会分散观众对你的讲述的注意力。

从一个典型的观众视角来看，他们在听你讲述时不会有兴趣看到这样的数据，而是更愿意你直接告诉他们这些数据差别不大，然后继续说重点。如果数据显示每个品牌的故障率四舍五入后相同，那就直接展示所有这些传感器的故障率大概是多少。图 94b 则直接指出这些数字十分相近，并且列出了平均值、最小值和最大值。这样，观众要解读的数字就少了很多，你要表达的意思也直截了当。当然，为了防止有人关心具体数值，你也可以在附录中准备好详细数据。

不过，有价值的差异并不总是相差很大的数字，有时候即使是很小的差异也很重要且值得强调。我们这里所说的价值，是看其重要性，而不是数值大小本身。

传感器检测结果概况

- 所有传感器的故障率几乎相同，差别未超出0.1%

传感器	故障率	传感器	故障率
品牌1	10.15%	品牌6	10.14%
品牌2	10.12%	品牌7	10.11%
品牌3	10.17%	品牌8	10.17%
品牌4	10.11%	品牌9	10.16%
品牌5	10.19%	品牌10	10.13%

图94a　罗列全部故障率具体数据没什么价值

传感器检测结果概况

- 所有传感器的故障率几乎相同，差别未超出0.1%

传感器平均故障	10.15%
最低	10.11%
最高	10.19%

图94b　重点突出，一目了然

第6章　发表篇：演示的最后准备　// 167

提示 95：重要的数字要突出显示

你的演示对观众来说必定有一些信息比别的更为重要。在做最后的准备时，要注意想办法让观众的注意力自然集中到最重要的信息上。在提示 23 中我们讨论了设置动画功能来控制信息的呈现节奏，这是突出展示重要信息的一种方法。本篇中我们从吸引观众注意力这个角度来讨论如何突出重要信息这个问题。在做最后准备时，如果发现有些数字尤其重要，就要突出显示。

有很多办法可以突出显示表格或图表中的数字，你可以圈出它们，画一个箭头指向它们，用不同的颜色标出，用不同的字号，加粗，或者这几种方式搭配使用。提示 23 中我们讨论过的动画功能，也可以用，也可以不用。要记住：你的目的是让观众非常轻松地看到你要讨论的最关键信息。

不要低估这个提示的作用和影响。一看到表格和图表，每位观众马上会盯着看，自己去解读，然后抓取自认为重要的部分，如此一来，观众既要花费心力，又转移了应该放在你身上的注意力，并且他们可能搞错了重点。

如果你突出显示关键信息，人们的注意力自然直接放到那里，大家会认为这是自己应该关注的地方。再加上你口中正讲着与此相同的信息，可以引领观众聆听并理解你的重点。图 95a 是一张没有任何突出标示的常规表格；图 95b 则展示了突出显示重要数字的几种不同方式。

比尔的学生得A的方法一目了然

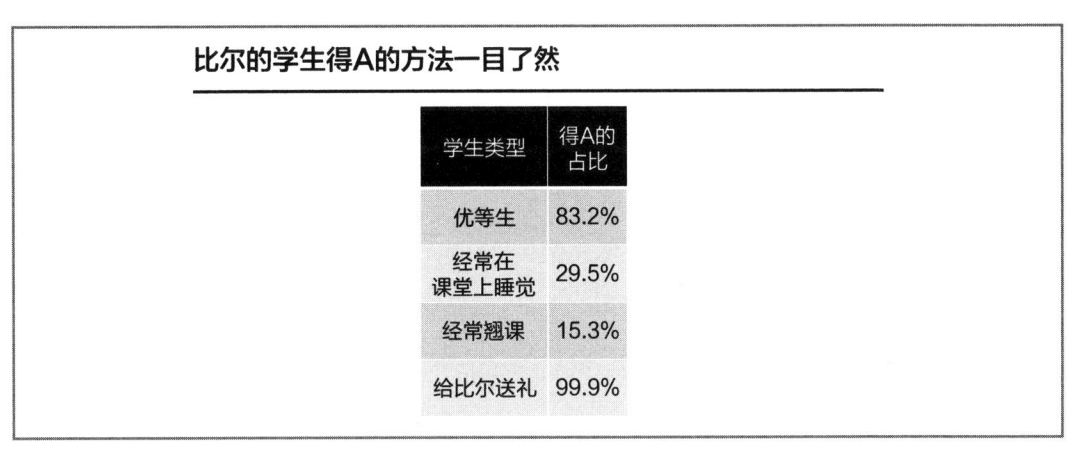

学生类型	得A的占比
优等生	83.2%
经常在课堂上睡觉	29.5%
经常翘课	15.3%
给比尔送礼	99.9%

图 95a　观众应该关注什么，不够清楚

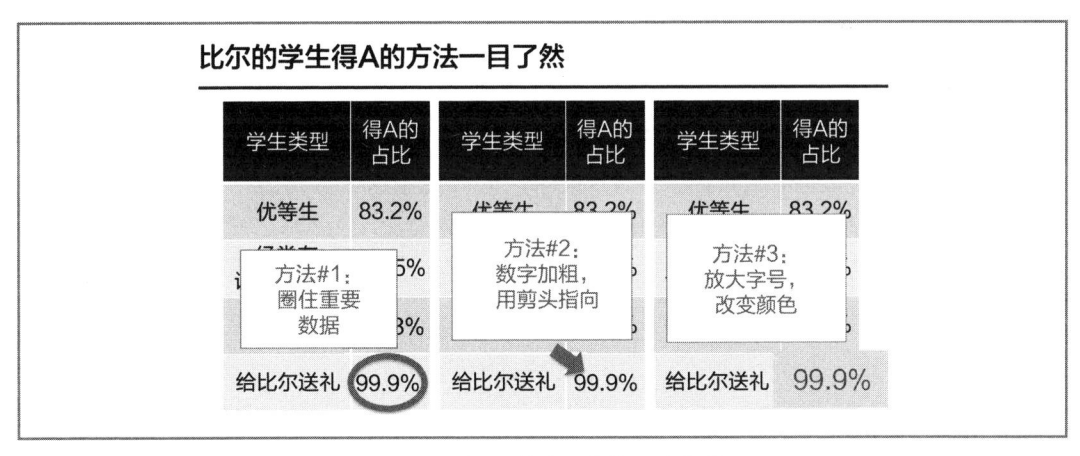

比尔的学生得A的方法一目了然

方法#1：圈住重要数据

方法#2：数字加粗，用剪头指向

方法#3：放大字号，改变颜色

图 95b　提示关注重点的几种方式

第 6 章　发表篇：演示的最后准备　// 169

提示 96：重要的文本也要突出显示

提示 95 中讨论了如何吸引观众注意表格或图表中的重要数字，还有一种好做法是吸引观众注意幻灯片上的重要文本。与突出显示数字一样，突出显示文本有助于将观众集中到最重要的那部分内容上，通常是有关影响、价值或风险的陈述性语句。在做最后的准备时，也要看看有哪些重要的文本内容需要提示观众注意。

有很多办法可以突出显示重要的文本。例如，你可以将文本加粗、用不同的颜色、用斜体、加下划线，或者这几种方式搭配使用。无论采用何种方法，你的目的是要让观众非常轻松地看到你要讨论的最关键信息。我们已经谈过要尽量精简文本，所以突出显示的，应该只是一个短句中的几个字而已。

正如提示 95 中所说，不要轻视这个技巧。屏幕上一显示出文本，观众会立刻开始阅读。而如果你突出显示关键信息，人们的注意力自然直接放到那里，因为大家会认为这是自己应该关注的地方。文本和数字都是如此。再加上你口中正讲着与此相同的信息，可以引领观众聆听并理解你的重点。

图 96a 中的项目摘要没有任何突出显示的部分。图 96b 则展示了为观众突出显示重点文本的几种不同方法。当然，同一张幻灯片上不应同时使用这么多种方法，图 96b 仅做举例说明。

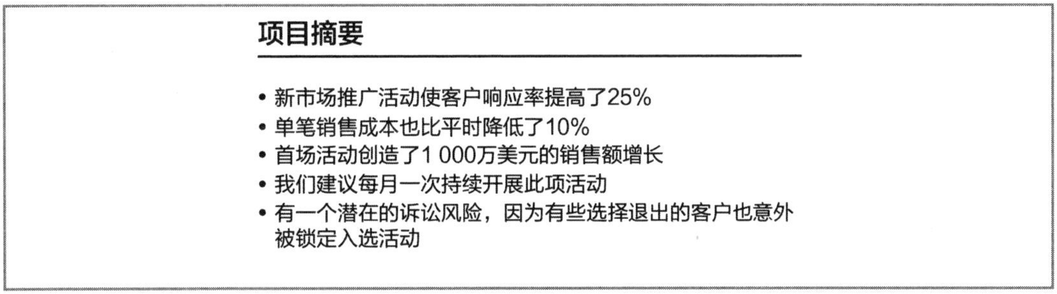

项目摘要

- 新市场推广活动使客户响应率提高了25%
- 单笔销售成本也比平时降低了10%
- 首场活动创造了1 000万美元的销售额增长
- 我们建议每月一次持续开展此项活动
- 有一个潜在的诉讼风险，因为有些选择退出的客户也意外被锁定入选活动

图 96a 观众应该关注什么，不够清楚

项目摘要

- 新市场推广活动使**客户响应率提高了25%**
- 单笔销售成本也比平时降低了10%
- 首场活动创造了1 000万美元的销售额增长
- 我们建议**每月一次持续开展**此项活动
- 有一个潜在的诉讼风险，因为有些选择退出的客户也意外被锁定入选活动

每张幻灯片上一般只用一到两种强调方法
这里用了很多种，是为了提供多种示例

图 96b 提示关注重点的几种方式

第 6 章 发表篇：演示的最后准备 // 171

提示 97：安排人员做现场后援

即使你是个专家，也不可能无所不知。除了诚实地说你不知道（见提示 111），另一个策略是事先请来一个或多个人来现场做后援支持。例如，在汇报一个复杂的大型项目时，你的任务是站在一定高度进行总结，不过观众可能会就其中较为细节的部分向你发问。

因为你并没有参与所有的具体工作，此时可以请你的后援参与进来。这样，万一有人就项目的某个领域提了个问题，而你没打算深入讨论这方面内容，便可以把这个问题交给在现场待命的专家，并且他已事先了解了会议的内容和目的。这也有助于向观众展现你所在团队的深度。

这个策略之所以很好，是因为这样还可以让那些不太自信当主讲人的团队成员获得出场的机会。一个大团队中有擅长演示的人，也有不擅长的人。如果是一场重要的演示，可以让团队中口才好的人来当主讲人，那些不愿意主讲的人可以充当后援支持，帮助处理现场观众提出的尖锐问题。

这种把问题转给别的专家的方法很常见。比如，我们经常看到某个政府官员在介绍一项新倡议时，把话筒交给在场的某位专家来回答具体问题。在观众看来这是审慎的体现，很正常，并不会损害你的可信度，虽然换个演示者会稍微分散注意力，但总比你在众人面前因为回答不了问题而出糗要强得多，更何况其他专家还有了出场的机会，所以这样只会有助于提升团队的整体素质！

提示 98：始终准备多个备份方案

在为某场大型演示做最后准备时，永远不要忘记，总会有事情出错！如果你想当然地认为你的电脑、会场的投影仪和音频系统会按部就班地正常运作，就有可能遇到大麻烦。这些年来我遇到的各种状况数不胜数。

有一次，我和一位同事在一次会议上合作演示。轮到我们了，她把幻灯片接上了投影仪，但正好轮到我说话的时候，她的电池没电了！别问我她为什么没插上会场的电源。等她找到电源线、重启电脑并重新连接到投影仪时，我的 20 分钟时间已经结束了。幸运的是，我打印了一份幻灯片缩略图（见提示 9 和提示 88）。于是我站在讲台上，继续按我原计划的那样讲着我的内容，但没有幻灯片可播放。完美吗？不完美。凑合吗？还行。

还有一次在一场论坛上，我与论坛的技术负责人确认过，我的演示文稿已经准备就绪，他甚至给我看了看文件在一个文件夹中的位置，但当时我并没有打开文件夹再次查看。结果，我把自己的电脑包忘在了汽车后备箱里，而轮到我演示时，我发现会场电脑里的本地文件已损坏，无法打开。没办法，我只好跑回车上拿电脑，结果迟了足足 15 分钟。从那以后，我一直把备份物品带在身边，再也没有放在别处！备份有多种形式，也有很多种方法准备：

提前去会场布置，及时处理出现的任何问题。	在你的演示环节前与会议的技术团队联系，确保所有技术问题和文档都合乎预期。	
打印一份完整的幻灯片和／或幻灯片缩略图（见提示 9 和提示 88）。	将你的演示文稿拷贝到一个 U 盘上。	自己准备一个幻灯片点击器，因为会场的点击器经常不好用（见提示 99）。
将演示文稿保存到电子邮件中，这样你可以通过手机发送到另一台电脑上。	自备你的电脑支持的所有视频连接线；电脑不支持的，准备适配器。	

即使所有这些都到位了，还是会出现其他问题。我曾经遇到过一次火警，原本我有 60 分钟的演示时间，结果从会场疏散便花费了 40 分钟。尽管如此，至少那些最常见的问题，你都做好了充分准备。

提示 99：使用幻灯片点击器

我一直在包里放一支自备的幻灯片点击器，现在用的这一支只花了 15 美元。它的形状像一支笔，放在手里，观众几乎看不出我在用它。它有一个标准的 USB 接收器插头，可以无线连接到点击器，因此几乎可以用在所有电脑上。

无论你站在什么位置，只要一支点击器在手，幻灯片尽在你的掌握之中。每次想要翻页时，你也不用再回到电脑旁边来操作。如果会议室很小，敲击键盘翻页还可以，毕竟也没有太多空间让你来回走动；但是在大多数演示中，这样的动作其实很干扰注意力。我们会在提示 106 中谈到，演示时应该四处走动走动，而每次为幻灯片翻页都必须返回电脑旁，便限制了走动的自由。

另外，你应该避免安排专人替你翻页。很少有负责翻页的人会准确地知道演示者要说什么，以及应该在什么时候点击鼠标能够实现无缝衔接。我见过有专人负责翻页的演示中，99% 的演示者每次都要说"下一张"，很让人分心。假如你需要回到前几页就更糟糕，你必须一直说"上一页、上一页、再上页、哦哦过了"，直到翻到想要的那张幻灯片。有了点击器，你想要哪一张，自己点击就好。

如果你还在幻灯片上加了动作设置（见提示 24），那就需要一支带有鼠标功能的更高级的点击器了，否则你还得返回电脑旁边操作那个动作设置。不过，动作设置通常是一处转折点，倒也不会过于分散观众的注意力。

提示 100：不要提前发送演示文稿

在你准备演示时，有人要求你提前发送文稿，这种情况并不少见。我认识许多演示者，无论是否有人要求，他们都会提前向观众发送演示文稿。我强烈建议不要这样做，除非你别无选择，否则什么都不要提前发。

举个例子，假如你要向高管团队做演示，他们要求所有人都必须提前发送幻灯片，无一例外，那你就没办法了。除了这种强制要求，你可以答应某位观众演示一结束就发给他，以防最后一刻有需要修改的地方。我一般直接忽视提前发文稿的请求，而最终很多情况是跟我要幻灯片的人会忘记，直到他在会场见到我。这时候，我就承诺会议一结束就发给他。

为什么不要提前发幻灯片？有几个原因：

- 要让观众听你亲口讲述你的内容。如果提前发送幻灯片，他们提前看到了你的点睛之笔，却没有前因后果。就像在讲笑话之前就已经知道了笑点，如果观众已经知道了精彩之处，你再谈的时候就不再精彩了。
- 许多观众并不会在会前提前阅读你的幻灯片，而在会议一开始时翻看，不再听你说些什么。前一条的所有缺点依然存在，再加上一条：在你演示时，观众就不会再关注你了。
- 看了你的幻灯片后，人们会形成自己的意见，得出自己的结论，甚至根据自己从幻灯片中提取的片面信息便开始制订计划。你要做的工作就变成了改变他们的想法，而这是一件非常艰难的事。
- 你可能会在最后一刻修改幻灯片。如果你不得不说"这张幻灯片已更新，与您手上的那个版本不太一样"，这必然伤害你的可信度，也影响你的演示节奏。

如果我不得不提前把幻灯片发给观众，演示一开始我便会请大家不要在我讲话时阅读幻灯片讲义。我会解释说，我会为幻灯片中的内容提供重要的前因后果，建议大家利用讲义记些笔记以备后期查阅。

另一种常见的情况是行政助理或技术支持人员向你要幻灯片，为了加载到会议室的电脑上投影用。遇到这种情况，我会先问对方是否可以直接使用自己的电脑。他们通常会说可以，并且松一口气，因为这样他们自己就不用操心了。如果对方坚持要使用会议室里的设备，因为很多会议室都这样，我也会提供幻灯片，但同时要求对方只放入会议室的电脑中，不要事先分发给观众。我还会明确表示，原始的 PowerPoint 版本不应该与任何人分享，并且在我演示结束后要立刻从电脑中删除。几乎所有人都会遵从这些要求。

最后，无论何时，在与他人分享你的演示内容时，一定要在文稿底部加入版权和保密声明。此外，一定要以 PDF 格式分享你的内容，这样无论是有心还是无意，任何人都无法进行编辑，将更改后的版本传给他人。一定要确保，只分享你自己的故事，并且只按你写的那样分享！

第7章

发表篇：正式演示

到了那个重要的时刻，你走到会议室台前，要想让演示取得成功，此时仍有一系列事情需要注意。本章介绍了发表数据驱动演示时要运用的各种技巧以及要遵循的一些重要原则，内容包括以下一些基本理念：

- 观察会场的气氛，对演示内容和方式进行适当调整。
- 学会应对个别难缠的观众。
- 诚实、自信，不要过度讨论限制条件。
- 彻底说明你做的工作的影响及相关建议。
- 准备一个宏大的结尾，将你的成果代入更大的应用场景。

万事俱备，只欠东风，演示的成败决定了前期所有的努力能否获得回报。仔细阅读并遵循本章的指导，让你的演示引人入胜、令人信服。如果你能赢得观众的信任和信心，他们便更能认同你的结论，听取你的建议并采取行动，这将是对你为此次演示付出努力的巨大回报！

提示 101：永远不要逐字念出幻灯片的内容

要说一件会搞砸一场实时演示的事情，莫过于念幻灯片上的内容了。我们应该有过这样的经历：会场上一个演示者播放着幻灯片，面朝屏幕、背朝观众，一直逐字逐句地念着幻灯片上的内容。这种做法的不可取之处可谓很多，并且众所周知不应该这样做，甚至专用一篇内容来讲这件事都显得有点傻气。但是，正因为人们太容易犯这样的错误，这个提示才非常必要。

直接从屏幕上念出内容，不会为观众增加任何价值，大家完全可以自己看。如果你只想让观众清楚地知道幻灯片上的内容，只需直接播放幻灯片，让大家自行观看，然后你闪到一旁，找个座位坐下静观即可。但是，这样一来你根本没有必要安排一场演示，为了节省观众的时间，只要给每个人发一份幻灯片就好，请他们自己阅读，并通过电子邮件回答问题。

演示者在念幻灯片的内容时，一定完全忽略了观众，他要么面对着屏幕，要么低着头看稿件。对观众而言，这样的演示毫无互动，单调乏味，体验感很差。还记得电影《春天不是读书天》中那个可怕的老师吗？有人会希望成为他那样的人吗？

为了避免逐字念幻灯片，最好的办法是牢记本书的一些其他提示，比如，尽量减少文本（见提示 30）；故事要讲出来，而不是写出来（见提示 3）；尽量保证幻灯片视觉化、直截了当（见提示 6）。如果你的幻灯片制作正确，观众便无法从中全盘了解你的观点，他们只会看出你有一些有价值的东西要交流，但只阅读幻灯片不可能掌握所有内容。观众会发现有必要并且愿意倾听你的口头叙述来了解全部。这样会更吸引观众，同时迫使你更充分地做准备，展现出更多的热情。

有时候人们开始念幻灯片是因为对自己的材料不够了解，做不到脱稿演示。如果是这个原因，念幻灯片是解决问题的错误方法。如果你对材料不够了解，只能照着念，那就不应该做这场演示，因为肯定会失败！要么推迟演示，准备好了再来，要么直接给大家发一份书面文件就好。

这条规则唯一的例外情况，就是某个特别重要的词语、题目或名称必须按原样重复一遍。假如，经过几分钟的精彩论述，你此时需要从屏幕上直接念出一段引用语、一个政策的特定重点或者某个特定名称，并且过渡自然，那也没关系。如果人们喜欢你的演示，便不会介意你照着念上一小段，反而会欣赏你这种确保引用语或陈述准确无误的做法。

提示102：观察现场气氛并适时做调整

你必须熟练掌握如何观察观众的情绪和反应，及时调整演示的内容和方式。无论你的计划多完美、准备多充分，只有到了演示时才能知道观众会有什么反应。技术人员一般不太擅长察言观色，因此，如果你是技术出身，可能需要有意培养和练习这项技能。

理想状态下，你很清楚观众希望听你讲什么，并正好与你的研究发现和要讲的内容完全一致，也不存在什么暗中作梗的政治因素。但在现实世界中这不真实，有无数原因会令观众产生挑衅、防御甚至完全敌对的态度。

假如在你演示之前别人刚刚发布了一些坏消息，轮到你开讲时，观众的心态必定受到前一场的影响而仍停留在消极状态；可能在你演示之前有人散布了一些与你所讲内容有关的不实甚至虚假的信息，导致观众一开始便抱着抵触情绪；或者你误解了观众的期望，立刻迎来不满。问题一上来就那么棘手的原因，这里不过列举了几种可能而已。

即使观众一开始是积极的，他们的心态也可能会发生变化，或许因为你没有料到你的某个研究发现有点儿争议，也或许因为你没有意识到有人在现实中对这个话题的关注度比他人更高，又或许你的演示文稿出现了错误或者措辞不当（当然如果你一直遵循本书的各种提示就会最大限度地避免这种情况），这些都可能导致观众失去对你和你的研究结果的信心。不管是什么原因，一名观众在你开场时心存友善，不表示他会一直友善下去。

如果你感觉到现场气氛不妙，必须尽快找出原因并想办法缓和。你甚至可以直接问大家："我看到有人好像有点担心，或者不太相信，能告诉我为什么吗？"然后听听观众怎么说，转而重点处理观众的疑虑。虽然谁也无法保证你一定能把观众带回演示中来，但是不管怎样，观众看到你努力了，他们便会宽容些。

现场也会出现极端情况，只有先处理完突然冒出来的某个重要问题，观众才能支持你的议题。如果出现这种情况，暂时停止你的演示，向观众提议先解决这个问题，然后继续原来的演示。这样做的目的是立刻给伤口止血，既然你的演示已经受到干扰了，切勿让接下来你要讲的内容再牵连进这个争议中。

以上我们一直在关注如何应对反应消极的观众，除此以外，你必须清楚在哪个时间节点已经赢得了观众的好感，无须多言。老话说：要适可而止。如果观众已经完全接受你的观点，准备好行动了，那就考虑跳过或大幅缩短演示的剩余内容，不要浇灭了观众的热情。虽然更多数据和信息能帮你赢得一个持怀疑态度的人，但若在完全没有必要的情况下增加更多数据和信息，反而会令已经被说服的人产生怀疑。记住，过犹不及！

提示 103：不要盯着屏幕看

我相信，没有人会反对演示者应当与观众进行眼神交流而不是转身盯着屏幕看。盯着屏幕看是一个最常见的错误动作。有些人会因为经验不足而一直盯着屏幕，但即使是经验丰富的演示者也无法避免。说话时盯着屏幕，会让你完全脱离观众。当然有时候你需要快速扫一下屏幕，重新看一眼某个数字，只要你动作够快并且偶尔为之，便不足为虑。与观众保持眼神交流应该是你作为演示者的首要目标。也有一种例外情况，那就是你想切实地指点一下屏幕上某个特别重要的内容。这种情况我们会在提示 104 中进行讨论。

演示者盯着屏幕看，往往因为他们对自己的材料不熟悉，把幻灯片当成备忘录了。请记住：在提示 9 和提示 88 中，我们都介绍过打印一份讲义放在眼前，虽然盯着讲义看也不太理想，但至少你面朝着观众。大型会议的讲台上会有一套被称为"信心监视器"的设备，屏幕面向演示者而不是观众。我喜欢在做主题演示时会场能提供这种设备，我需要快速看一眼幻灯片的内容时，只需向下瞟一眼，不用转过身抬头向上看。

你可以用接上投影仪的电脑来模拟"信心监视器"的效果，把它放在你可以看到电脑屏幕的位置。例如，如果在一个很长的会议室里做演示，我会把笔记本电脑放在我面前的桌子中间，屏幕对着我，这样既不会干扰观众，又能让我看到电脑屏幕上的内容，无须回头看投影。如果会议室有一张桌子，我会把笔记本电脑放在离我最近的桌子上。

最坏的情况是你可能被要求使用一台连接到会议室系统的电脑进行演示，而电脑的位置你看不到。在这种情况下，你有两个选择：第一，按提示 9 和提示 88 所说，打印一份幻灯片缩略图放在眼前的桌子或讲台上；第二，依然在你想要的位置上放一台电脑，使用两个幻灯片点击器同时操控自己的电脑以及会议室电脑里的幻灯片，这种做法可能麻烦些，但也行得通。

提示 104：用实物指向重要信息

在现场演示过程中，走到屏幕前用手指向某个重要内容，或者用激光笔指向幻灯片上的某个关键元素，可以为你的演示增添一些魅力。我们在提示 103 中谈到不要盯着屏幕看，但是任何规则都有例外。

这个例外情况，便是你站在讲台上想通过一些动作来提示某个关键信息的重要性。为了突出特别重要的一个数字或一句话，你可以暂时不说话，走到屏幕前，用手指向那处重点，然后再回头向观众解释为什么重要。当然，一定要慎用这个技巧，避免频繁使用。

线上演示时无法做到用实物指向某个重点，尽管有些线上会议系统有一个类似指示器一样的功能，却不像真实场景中那样有力量，我很少看到有人能用得好。那么，既然线上会议不能用手指或者激光笔，要想突出某个内容时应该怎么做呢？

你在本书中可以看到关于如何使用动画功能和突出显示重要内容的很多条提示，那些办法完全可以满足线上会议的需求。如果是一场线上会议或线上线下同时进行的会议，你有一个重要的数字需要强调，请参考提示 23、提示 95 和提示 96 中任意一种办法。这些办法可以让你在线上演示时有效表达自己的观点，在现场演示时用也是极好的，哪怕为了增强效果，你走向屏幕、指向某个数字，在屏幕上突出显示也并不妨碍这种效果。

提示 105：不要被刺眼的灯光吓倒

在会议室、教室或培训中心进行演示时通常不会有特殊的灯光布置，但在大型会议或重要的企业活动上，尤其是在舞台上做演示，环境会非常不同，因为通常会布置专业的灯光。假如会议要全程摄像，这种灯光还会非常刺眼，让人总想眯起眼睛。

那种刺眼的灯光会影响你的视线范围，你根本看不到台下观众的笑脸，眼前几乎漆黑一片，而台下观众却把你看得一清二楚。也就是说，你可能只能大概辨别出台下观众的轮廓，却无法看清他们的表情以及反应。这种状态需要一点时间才能适应。

置身在刺眼的灯光下时，演示者最常见的反应是低下头避开灯光，或者只是把目光投向空中。对观众来说这两种表现都很糟糕。你必须强迫自己环顾四周，假装像平时一样与观众进行眼神交流。尽管你实际上根本无法与人进行眼神交流，但坐在你看向的地方附近的人会觉得你在看他们，在他们心中，你就是在进行眼神交流。

我们会在提示 107 中谈到，假如有人在线上会议中直视摄像头，你的大脑会感觉他们正看着你。你在刺眼的舞台上环顾四周，是用类似的感知技巧给观众制造一种你正在看着他们的错觉。

提示 106：不要一直站着不动

在现场演示时不要一直站着不动。无论你有多紧张，都必须强迫自己呈现出自信的状态，而来回走动可以展现自信。我判断一场演示是否无聊，一个早期信号是假如看到演示者直直地站在讲台后面，开讲后几分钟内都没有移动过，这个时候我会去给自己续杯咖啡。

站着一动不动还要保持精力充沛和热情洋溢，是非常困难的，并且如果你站在讲台后面，观众也很难看到你的肢体语言。有意识地四处走动走动，可以为你的故事注入能量，同时让观众保持警觉，因为人们的大脑会注意到动作并追踪。在四处走动时，你还可以与会议室不同位置的人进行眼神交流，甚至可以走向某个人与他进行近距离互动。只要不挡住投影仪，你应该可以自由地走到任何地方。如果会在某些区域挡住投影仪，就快速让开，到另一边去。

让自己习惯于来回走动，也可以通过录影进行练习（见提示 83）。如果走动太快、太多，可能会分散观众注意力。如果你长时间站着不动，偶有几次突然的走动，那就应该练习多加走动。另外要保证站立时挺直腰背，加些手势，但不要过多。只要你做得恰如其分，观众就会被你的演示吸引，甚至不会留意到你在走动。来回走动还有一个好处，就像任何体育活动一样，它有助于保持精力充沛。如果你一直站着不动，能量就会下降。这个规则有几种例外情况：（1）你只能在一个很小的会议室里演示，根本没有来回走动的空间；（2）你的演示正被录影，或用于支持线上线下同时进行的会议，或为了后期使用。摄像机是固定在一处的，你必须保持不动才能出现在画面中；（3）讲台上只有一支位置固定的麦克风。在这种情况下，如果会议室不大，我会关掉麦克风，一边来回走动一边大声说话。但是如果会议室很大，或者你自己的音量很低，就没有办法了。

当然，这条提示主要是与在会场进行的现场演示有关。如果你在线上演示，那就只能像其他人一样坐在摄像头前的座位上，这是线上演示的一个缺点。只能对着一张脸和一张幻灯片，可不如看到活生生的人那么有趣。上文提过，线上线下同时进行的演示也是次优方案，因为为了让远程观众能够看到你，你只能守在摄像机能拍摄到的范围内，但是至少在许多现场观众面前，你不是只有一张脸在对着他们。

提示 107：线上演示时要直视摄像头

做线上演示时，如果你低头看向屏幕上观众的画面，那么你的眼睛一定没看向摄像头，也就是说，尽管你觉得自己做得对，像在现实世界中一样看着另一个人，但观众只看到你低下了头，视线离开了他们，这样的动作实际上反而让你与观众脱离了链接。

无论你是在做正式的演示还是在与人聊天，都要强迫自己正视摄像头，忽略屏幕上其他参与者的视频画面。你可能会想，不看其他人的视频画面，视频会议还有什么意义？其实我也一直有这样的困惑！

一直盯着摄像头，需要很多练习才能做到，因为这感觉很不自然。我至今仍发现自己的眼神飘忽不定，尤其是有人向我提问时，我的自然反应是看向他们。我正逐渐习惯努力确保线上演示时直视摄像头。同样的技巧也适用于电视。请注意：新闻节目中的嘉宾和主持人交谈时通常并不会对视，而是都对着镜头。同样，你应该对着镜头说话，而不是对着观众的视频画面。

图 107a 中我正视着摄像头，发现了吧，我看起来像正在看着你。图 107b 显示的是我在看屏幕中间共享的幻灯片，让我看起来有点心不在焉。图 107c 是我在看屏幕左下角某个人的视频画面，看起来更糟。

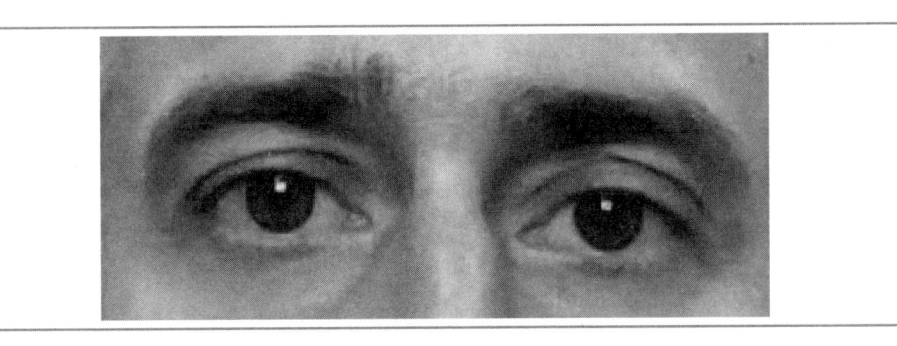

图 107a 正视摄像头的样子

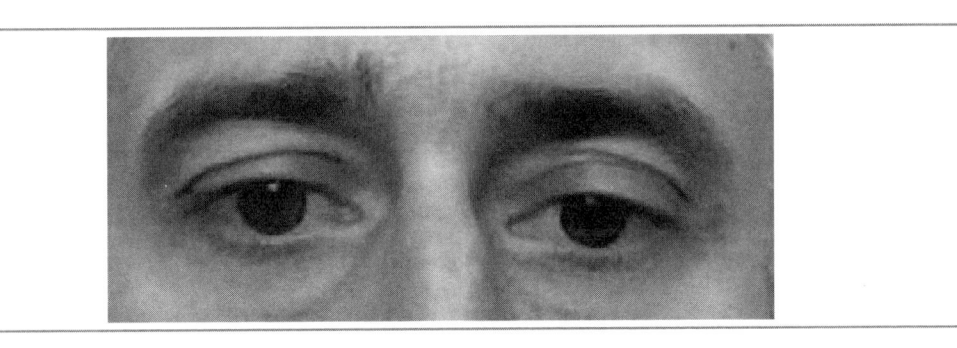

图 107b 看向摄像头下方幻灯片的样子

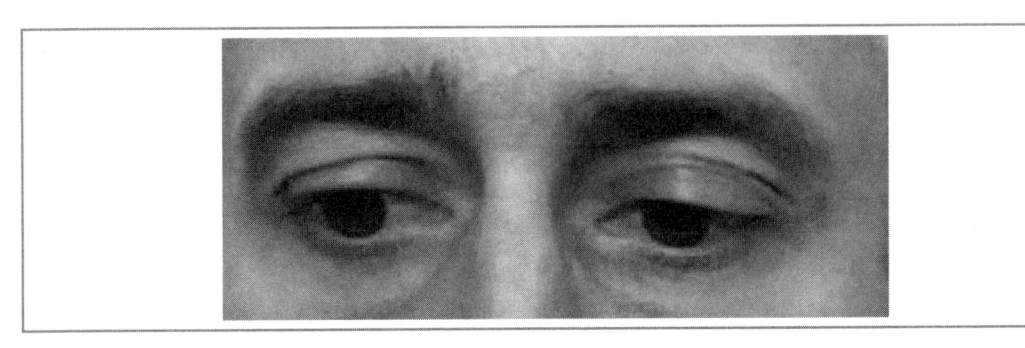

图 107c 看向下方一角某个参会者视频画面的样子

提示 108：预见出人意料、不相干的问题

观众中有时候会有人根本听不懂你在说什么，或者只关心自己的想法。如果出现了这样的人，你可能会收到一些出人意料、与你的议题毫不相关甚至不合常理的问题。

遇到有人提出这样的问题，首先要保持冷静，不要表现出你被问题困住了，现场的其他观众可能内心也很反感甚至开始嘀咕，但你是演示人，不应该做此反应。另外，要记住：一个自有主张的人让你陷入困境，通常只是他追求自身需求的不良后果而已，不要以为他是专门针对你。

即使是个毫不相干的问题，你也不能置之不理，必须找到一种方法婉转地绕过去。如果答案很简单，无论与你的议题是否有关系，快速作答然后继续演示。如果这个问题转移了话题并且需要费点时间，就向他解释，要想说清楚这个问题需要很长时间，而你们时间不够，建议你们会后单独讨论。会场其他观众会很感激你没有让他们枯坐在那里旁听与己无干的讨论，而提问的人知道你愿意交流这个话题，尽管不是现在，也会很高兴。所以，皆大欢喜！

也有极少数人不依不饶地揪着自己的问题不放，你可以寄希望于某位观众出面介入，提议暂时搁置这个问题。最后一个办法是提出短暂休会，然后把对方拉到一旁，怀着恭敬之心请求暂不讨论这一问题。如果这样仍行不通，那么无论你多么不情愿，都只能接受这个讨论了。

提示109：礼貌地对待难缠的观众

提示108中讨论的是如何应付那些并非有意却干扰了你演示的个别观众。要是你开讲后遇到一位与你对立、好斗的观众呢？有时候你会碰到有人与自己持不同意见，甚至连你介绍的整个研究前提都有不同意见，只不过他们就事论事，不会针对个人。但是也许从项目出资方最初商议开展这个项目时便有反对的声音，也有一些时候某个人很显然在向你发动个人攻击。在大多数情况下，不管对方是否有意针对你个人，都可以用同样的方式应对。

首先，你要明白大多数观众不喜欢看到有人干扰演示，尤其是堂而皇之的攻击。可能很多观众会支持你，对攻击也很不满，即使他们并不吱声。因为你是演示者，你不应该表现出沮丧或愤怒，而是礼貌地对待对手，安抚好他们，然后接着讲下去。万一很不幸，你确实拿到的信息不准确，或者你的确犯了错，这种情况下观众感到不满，开始与你争论，这是可以理解的，毕竟他们受到了影响。有一次一位客户给了我不准确的信息，让我介绍如何解读某个数据字段。在错误信息的引领下我发现了一些不稳定趋势，受影响地区的副总裁听到我的演示感到非常失望。我解释了这些数字的来源，他向我指出一项重要前提是错误的。无奈之下，我只能向他道歉，提出用正确数据重新进行分析后再介绍下一环节的结论。如果挑衅你的人理由充分，如那位副总裁那样，就虚心接受，承认错误，然后继续讲下面的内容。

假如你的研究结果无懈可击，仍然有人向你挑衅，你需要快速而巧妙地处理。你可以回答他们提出的第一个问题，甚至是前两个问题，但不要把你的演示变成一对一的辩论。一旦看出对方有意继续挑衅，可提议你们两人会后再讨论，紧接着你继续讲述下面的内容。爱找麻烦的人往往在其他场合也如此，所以现场会有很多人支持你们会后再讨论的请求。当我陷入这样的困境时，经常会有别的观众帮我脱身，让那个挑衅的人退下。别的观众明白有些挑衅是不公平的，也没有意义，这时候他们往往会出手相助。

万一真的碰上罕见的无人支援的困境，你只好要么继续与对方争论，要么无视对方的强烈抗议，继续讲述你的内容。这两种做法都不妥，但请选择继续你的演示，坚守你的内容，尽可能地往前推进。

提示 110：不要当众纠正他人

除非有人完全误解了你说的话，并且可能会导致巨大问题，必须立即纠正，否则不要轻易当众指出别人的错误。你可以稍后私下找他，向他解释哪里出了问题。公开纠正别人的错误可能会对数据驱动演示的成功产生多重负面影响：

- 被你当众纠错的人会感到尴尬或恼怒，尤其是有下属在场的高管。
- 其他人会因此胆怯，不敢表达自己的观点，害怕也被当众纠错。
- 如果你的解释本身让人很难理解，当众纠错会让你显得小气或过度热情。
- 视你演示时的表现，可能会让你听起来居高临下、盛气凌人。

你不会希望自己的数据驱动演示给人带来如此印象。如果无法判断某个内容是不是重要到必须马上纠正，就简单提一下，告诉对方你们的看法有细微的差别，会后可以再讨论一下，但当下最好继续往下讲。这样，你无须惹恼对方，便表明了他有些误解需要澄清。

实际上你经常可以采用自贬的方式来"纠正"对方，说你知道自己沟通能力欠佳，才让对方提出了这个问题或者有这个评论，然后你更仔细地解释一番，消除对方的误解。这种方法还有一个好处：如果一位观众产生了误解，有可能其他人有同样的误解。所以，你把对方的误解归咎于自己，婉转地解决了可能出现的更大问题。

大多数观众都会产生误解，这是事实，不会引起不快。我写过一篇博客文章（《忽略企业高管对人工智能的误解有哪些好处》），讲的是企业高管如何经常误解人工智能（AI）的工作原理及其应用领域。我曾见过无数高管特别兴奋地要"用人工智能解决这个问题"。我的想法是只要他们乐意让你来解决他们的问题，那就去解决！纠正他们对 AI 的误解没有好处。只要接受挑战，解决他们的问题就行，管他们用不用得上 AI。

如果你没用 AI 就解决了高管认为的 AI 问题，他们仍会很高兴。你甚至可以告诉他们："我们不需要 AI，只要使用现有的工具和方法就能解决这个问题，这样我们能更快地完成，而且成本更低。不过下一次我们绝对会考虑用 AI 来解决您的问题。"企业高管见你解决了问题总是兴奋的，还愿意把别的项目交给你，你由此发展了一段良好的客户关系。如果你对着他们解释一通，告诉对方他们根本不了解自己口中所说的 AI，你会扫了他们的兴致，说不定再遇到问题时他们会犹豫要不要来找你。

任何一场演示都会有这样的氛围。如果人们听了你的演示很兴奋，根据你的结论积极准备采取行动了，这时候由着他们兴奋一会儿，不用管他们的专业术语用得是否准确，对技术细节的描述多么外行，只要他们采取的行动不走偏。为观众接受你的观点并准备根据你的工作采取行动而感到高兴就好。如果你不注意这一点，毫无必要地苛求所有人都追求精准，会影响你的演示获得最后的成功。

注：本篇出自本书作者的博客文章《忽略企业高管对人工智能的误解有哪些好处》（国际分析研究所，2019 年 1 月）。

提示 111：不要不懂装懂

如果你撰写的一份书面报告里有连自己都不太理解的内容，或许也能应付得过去，比如团队中某个成员为你贡献了一些技术细节，这是项目中由他负责执行的那部分内容。即使你不甚了解他这一部分工作的所有细节，也可以直接放进你的报告里，假如报告发出后遇到与队友那部分内容有关的问题，你可以把问题转给这名队友。

但是在实时演示中，你必须能够解释屏幕上显示的所有内容。既然把一个数字放在屏幕上，就必须能够解释这是什么数字、它是如何得出的，以及为什么这个数字有意义。演示者拿出一张数据表格，但只准备讨论其中的一小部分，这种情况实在太常见了。如果你无法解释整张表，你的选择是要么去掉还没搞懂的那部分，要么马上把不懂的地方弄清楚，要么邀请一个或多个人来会议现场做你的后援（见提示 97）。不要抱有侥幸心理，希望没有人会询问你解释不清的那部分以致暴露你的无知。

无论你的前期准备有多充分，仍会碰到有观众提出超出你能力范围的更深层次、更为具体的问题，即使请来的专家后援团也无法回答。倘若你和专家后援团都无法回答，只需告诉观众你们不是最适合回答这么具体的问题的人，但是你知道谁能回答，你会跟进此事。经过这种不得不推迟回答深刻问题的情况，实际上你反而能赢得观众的好评，因为这表明你很诚实，知之为知之，不知为不知。另外，毕竟你是整个会场中最厉害的技术专家，如果连你都不是什么都知道，那么你的观众大部分都是非技术出身，他们对自己缺乏这方面知识会感觉好一些。

你绝对不能做的是不懂装懂，因为观众会很快看穿，这样一来，无论你再讲什么他们都会质疑。大多数读者可能马上会想到一个场面，一位演示者回答一个问题时虚张声势，结果听起来反而不知所云。观众觉得很难看，但讽刺的是，他自己往往完全意识不到尴尬处境。

大家希望你在演示时能将重点放在你能够把控的领域中。如果他们想更深入地了解细节，而你无法当场回答，他们也会尊重和欣赏你能据实相告。

提示 112：要强调正面的信息

政客讲究说话的艺术，数据驱动演示也很讲究，尤其是面对非技术型观众时。技术人员之间往往实话实说、直截了当，非技术出身的人则更讲求策略，比如商场上的人往往字斟句酌，尽可能将自己负面、不受欢迎或让人意外的消息转变为积极信息让受众接受。有一种方法可以让观众对你的研究结果保持信心，即使他们明知问题或差距的存在，那就是把重点放在你研究发现的积极的一面，而不是消极的一面。

举个例子，假设你进行了一次针对东北地区的初期市场分析。虽然没有理由相信你的分析结果不能用在其他区域，但是不经过切实的数据运算和分析，你并不能完全肯定。你当然可以直接汇报说："我们只分析了东北地区的数据，因此这个结果不能应用到其他地区。"这听起来很消极，观众可能因此决定，在你扩大研究范围之前什么都不该做。另一种积极的说法是："目前这些结果令人鼓舞，我们可以在东北地区立即部署行动，同时我们期待验证这些结果对其他地区同样适用。"这句话强调了目前在东北地区取得的结果是有价值的，尽管你仍需进一步扩大范围进行验证。

再举个例子，如果你发现数据出了一个重大差错，一种解释是："由于意外出现的数据问题，特色产品这个类别我们尚未得出结论。"这个说法把观众的注意力聚到了消极的一面，观众脑海中出现了疑问，有无可能其他数据也出现了问题，于是你的研究发现的可信度进一步削弱。更好的说法是："我们怀有极大的信心，认为这些结果可以适用于除特色产品以外的所有类别。我们正在验证这个结果是否同样适用于特色产品领域。"如此一来你向观众表明，你的结果适用于除一处以外的其他所有地方，这听起来还不赖，不是吗？并且你表明你正着手验证这些发现是否也适用于那例外之处，观众听着会很舒心。

在讲述你的故事时，一定要站在观众的立场考虑该如何理解你讲述的内容。虽然必须实话实说，但也不要把重点放在大量积极的结果中少量的消极因素上。你的观众需要对你有信心、对你的发现有信心，若把重点放在坏消息上会埋下怀疑的种子，削弱这种信心。即使你在准备时做好了充足的计划，想好了如何解释关键内容，临场时也容易过度小心，因为观众会让你对说的话更加敏感。强迫自己坚持按事先的计划进行演示，不要因为怯场而弱化了你想传达的信息。

也有极少数情况，你的大多数研究发现都被视为坏消息，但你仍然可以把重点放在：（1）为什么结果不好；（2）可以做些什么来改善结果；（3）了解了这些坏结果后，观众如何将其变成一种优势。

提示 113：代价和好处都要实话实说

你很容易对自己的研究成果感到兴奋，让观众注意力集中在你发现的各种好处上。但是，你还应当实话实说，告诉观众为了实现这些好处需要付出什么代价，以及你的研究发现还存在什么漏洞。这其实很难做到，但一旦站上了讲台就必须严格要求自己！

研究人员在预测结果时经常会犯一种错误。举个例子，倘若我们只在 0.5% 的送检试剂中发现了病毒，于是我们不对样本做检测，便得出阴性样本准确率为 99.5%！另外，我们从患者中准确诊断出感染了病毒的人可能为 0%。由此可见，我们必须进行更为广泛的研究，不仅要研究真阴性，还要研究假阳性、假阴性，以及各种情况的应对代价。

我曾经看到有人自豪地推介一款预测模型，声称可提前识别 90% 以上的逾期付款。听起来很棒！可是问题在哪儿？最终模型预测会逾期付款的项目中有 99% 是按时付款的！换句话说，其中存在一个巨大的假阳性率，而错误估计每一个假阳性项目背后都要付出真实的代价。当然，我们会捕捉到 90% 的逾期付款，但一旦你发现，每一笔被正确识别的逾期付款背后，都会有 99 笔被错误估计，那么这个模型听起来就不那么令人信服了。

图 113a 是一份只强调好处的逾期付款分析。图 113b 显示了更多信息，强调了模型有缺陷。图 113c 是一个附录，提供了几个支持性数据，说明尽管只有 0.5% 的付款逾期，但模型预测有 40% 的逾期。演示时要承认这些缺陷，这很重要。

我们用模型捕捉到90%+的逾期付款

- 我们可以有效地提前60天发现延迟付款情况

去年逾期付款总额（万美元）	5
模型示警的逾期付款金额（万美元）	4.6
模型示警的逾期付款金额占比	91%

图 113a 报喜不报忧的幻灯片

我们的模型有几处严重缺陷

- 尽管我们可以有效地提前发现逾期付款情况，但示警的那些项目中真正逾期付款的最终只有1%

模型示警的逾期付款金额占比	91%
不准确的逾期付款示警占比	99%

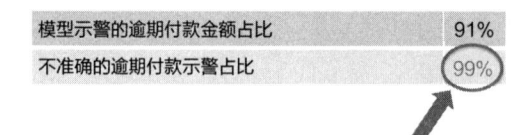

图 113b 这张幻灯片提示需要注意模型的严重缺陷

附录A

- 以下是模型的详细数据（美元）

模型预测	实际情况 未延迟	延迟	总额
未延迟	6.9M	4 566	6.9M
延迟	4.5M	46 158	4.5M
总额	11.4M	50 724	

图 113c 附录提供了详细数据

提示 114：不要过多谈论限制条件

我们在提示 113 中讨论过应当实话实说，积极的、消极的结果都要据实相告。与此相关的一个问题是，你知道你的研究发现存在各种假设和风险，那么应该如何把握避实就虚的尺度？换句话说，你手边有一组结果，暂且不管是好是坏，现在仍存在一些假设和风险，可能强化你的结果，也可能削弱你的结果。遇到这种情况，你必须向观众说明这些实际情况，应当讲究公平和透明。

再比如，在介绍某款基金产品过去出色的表现时，一定要指出过去的业绩并不能担保未来的表现。还有，人们在签订合同时通常会有不可抗力条款，倘若发生重大自然灾害、战争或内乱，任何一方都可以放弃履行合约。上述这些情况中所提的风险是通用标准，没有人会真的忧虑。

也有一些假设或风险是很严重的、实质性的，不应以任何形式进行粉饰。例如，如果我正在考虑接受一次大手术，死亡率 50%，那么医生必须极其认真地向我解释清楚并确保我完全理解。但如果我只是要除掉一颗痣，虽然仍然需要签署许多书面文件，上面写着可能会出现各种不良后果，但那些情况很少发生，我和医生都不会花过多时间讨论。

讨论你的项目风险和假设时也遵循同样的逻辑。某种程度上，失之毫厘、谬以千里，一定要花大量的时间阐述清楚。此外，应花些时间设立监测及控制机制，一旦出现问题，及时发现和处理。如果风险很小，或者假设的情况没有太大影响，处于合理范围，便提示一下观众需要考虑的因素，说一声不存在高风险就好。

我见过演示者过分提示各种风险，完完全全破坏了整个演示的影响力和可信度。他们一直谈论这个风险、那个风险，这种假设可能性很高、那种假设可能性很低。听你讲了很多限制条件会从理论上影响你的研究结果，观众会对结果失去信心，更不会听从你的建议采取什么行动。加上太多限制条件后，观众会认为这些发现不可靠、有风险，即使事实并非如此。

　　有些餐馆会在菜单上标明生食海鲜可能会致病，人们知道，也接受。但是想象一下，假如服务生向你科普，有多少百分比的牡蛎受到了某种程度的污染，过去三个月里有多少人食用了牡蛎后患病，以及你晚餐即将食用的牡蛎致病率有多少，等等。听了这些，你会格外在意风险，对牡蛎的欲望消失殆尽。

　　这家餐厅的牡蛎与你吃过的其他牡蛎的风险是一样的，但服务生对食物安全风险的喋喋不休会让人厌烦。不要犯同样的错误，给你的研究发现加上过多限制条件，观众听了也会失去兴趣。

提示 115：明确指出你正讨论哪个指标

在数据分析行业，一个预测模型有许多不同的指标用作分析讨论，一种是统计显著性，一种是参数估计，还有一种是对损益（P&L）的影响，各有优点和价值。在演示过程中，谈及这些指标的任何时间点时都必须清楚表明你指的是哪一个，即使已经在幻灯片上做了标注，也要口头上重申一下。

我听说人们讨论了上面说的统计显著性、参数估计或对损益的影响这三个指标中"最重要的因素"是哪些。尽管事实上三个指标都有可能最重要，但是它们迥然不同，倘若含糊其词，观众会不知道你指的是哪一个。如果你不说清楚，观众会自己瞎猜……结果就是很多人都会弄错！

为了达到影响观众的目的，远离那些复杂又难以解释的指标。比如，掌管运营的观众实际上并不关心参数估计值本身，他们关心的是这些参数估计值对业务有什么影响。避免使用技术性指标，只用一些较为实际的指标。如果你介绍一场市场活动，称每投入一美元便产出两美元的利润，观众就信服了。如果使用一些对他们来说晦涩难懂的概念，比如参数估计或显著性水平，观众会认为你是个技术呆子，你的影响力也会大打折扣。

提示 116：不要询问观众觉得你的哪些发现重要

有时候演示者会随口问观众觉得哪项发现重要，甚至更糟糕，问观众觉得这些发现对他们有没有用，这种无心的举动可能会搅乱你的演示。如果不知道自己的发现是否重要，那就根本不要来讲！

提示 112、提示 113 和提示 114 说的是要把重点放在正面信息上，但负面信息要据实相告，同时不要过度讨论限制条件。本条提示在上述基础上进行了扩展，建议你永远不要说一些话来鼓励观众质疑你讲的内容对他们来说是否有价值。如果你认为自己的演示没有价值，就不要做。如果你确实认为有价值，那么认定观众会认同并采取相应的行动。

问观众觉得哪些发现重要或者你的演示是否有价值，听起来仿佛是在与观众互动，创造开放的氛围，但是你知道自己会听到什么答案吗？如果没有充分准备好，就不该问这样的问题，因为一名观众可能回答你："既然您问我，我觉得您讲的东西有一大半对我没有任何价值！"这显然不是让你以及其他观众满意的回答。

向观众询问反馈可用别的办法，同时从语义上影响他们，让他们觉得你讲的内容有价值。比如，不要问"这些发现您觉得哪些重要？"或者"您认为哪些发现值得您采取行动？"，你可以这么问"您认为基于这些发现，我们应该如何优先考虑采取的行动？"或者"我们应该首先针对哪个发现采取行动？"。后面两种问法都带着强烈的心理暗示，即这些发现都是有价值的。你在做演示时也要如此对措辞略加调整，可对观众的感悟产生重大影响。

提示 117：把事实与其影响直接挂钩

有时候技术性事实很明显会给业务带来影响，或者产生其他实际的作用，但是在发表数据驱动演示时你仍必须向观众明确地解释它们之间的联系。我们多次谈到，让观众动脑筋的事越少越好，而观众最终真正想听到的，正是你的发现有什么作用，可不要令他们失望！

举个例子，你介绍说一款刚刚通过测试的信贷产品升级款可以有效降低 10% 的逾期付款，听起来很棒，但不能就此打住，观众还想知道降低 10% 意味着多少钱。从介绍一项发现到描述其影响，其中需要进行的数学计算过程可能很复杂，如果你不为观众做这个计算，演示就不会太成功，因为最坏的可能是观众也不会费心去算，最终他们便不会根据你的发现采取什么行动，因为他们不会意识到它有多重要。

再举个例子，通过研究你发现一种新药可以将手术并发症的发生率降低 10%。这显然是个好消息。更好的消息是，我们可以听到有多少人不需要住院、有多少人避免了死亡、每位病人可以少花多少钱。现场观众肯定明白降低 10% 会带来某些积极的结果，但如果你不仔细计算，然后展示给他们看，他们就不会知道具体情况。

图 117a 只列出一项积极的发现，却没有与其更广泛的影响挂钩。图 117b 则增加了一些说明其重要影响的具体数据，令这一发现更加引人注目。

新药大获成功！

- 用药后手术并发症减少10%

手术并发症发生率的变化

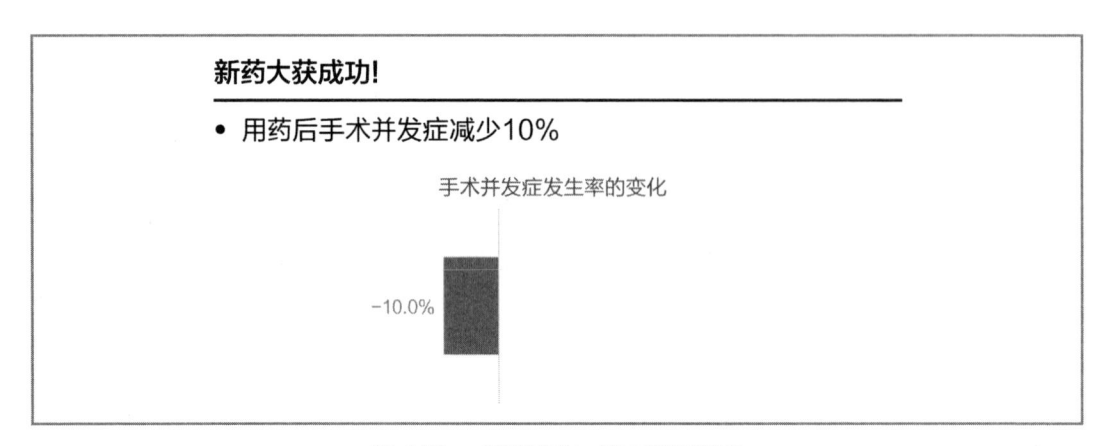

−10.0%

图 117a　只列事实，没有说明影响

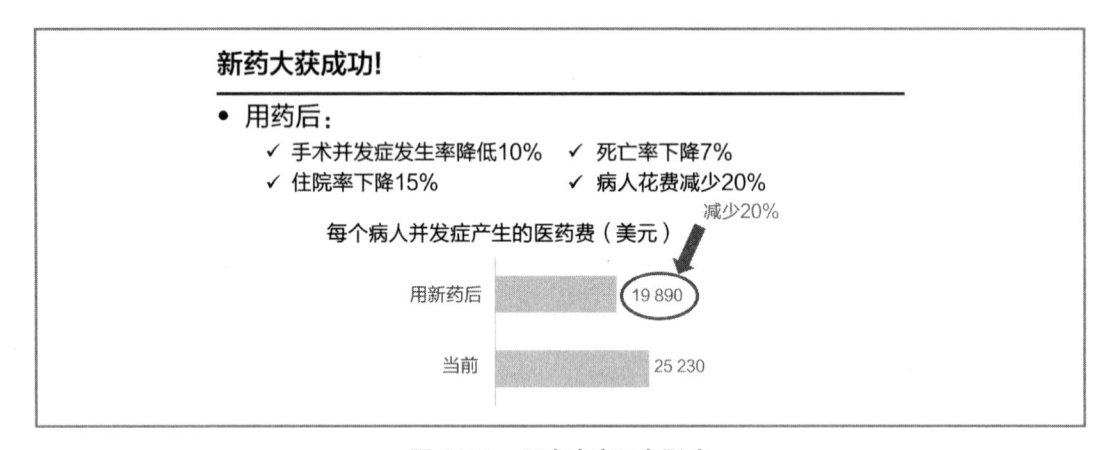

新药大获成功！

- 用药后：
  - ✓ 手术并发症发生率降低10%
  - ✓ 死亡率下降7%
  - ✓ 住院率下降15%
  - ✓ 病人花费减少20%

每个病人并发症产生的医药费（美元）

减少20%

用新药后　19 890

当前　25 230

图 117b　既有事实又有影响

提示 118：要提供具体行动建议

我热爱足球，踢了 30 年之久，后来膝盖不行了，于是我开始改当裁判。我从负责我们赛区赛事的一位资深裁判那里学到了很多。随着时间的推移，我意识到他给我的一些建议不仅帮助我成为一名出色的足球裁判，也帮助我成为出色的咨询顾问和演讲人。

这位资深裁判经常向我强调的一点是，如果比赛中我要判罚，就要迅速且自信地判罚。优秀的裁判会相信自己的判断，果断出手。我踢球时就知道，球员、教练和观众能够很快地判断裁判是否称职以及是否自信，一场比赛的前几分钟就能定下基调，并且同其他事情一样，大家的第一印象都很难改变。

一旦观众看到裁判非常自信，并且多次判罚都很正确，偶尔出现了失误大家也会原谅。如果裁判判罚时很明显在犹豫，大家会觉得可以理所当然地抗议。犹豫不决是软弱和优柔寡断的表现，你暴露出这样的性格特点就不可能要求别人尊重你。

发表数据驱动演示也是如此。有人邀请你来展示你的发现，你应该对自己的工作成果充满信心，为观众推荐一条前进之路。首先要自信地展示和解释你发现的结果，以及提示 117 中所说的这些结果意味着什么。除此之外，你必须更进一步，坚定地提供具体的行动建议，帮助观众将你的发现从可能变为现实。

观众不一定会同意你的建议，或根据你的建议采取行动，这同足球赛场上的观众总认为判罚得不对是一样的道理。但是你有责任提出建议，因为他们有很多其他事情要操心。越让观众省心越好。

图 118 是一张行动建议幻灯片示例。在这张幻灯片之前，演示者应该已经解释了这些行动的潜在影响（见提示 117），这些建议便是如何使这些影响成为现实。

做出判罚是足球裁判的职责，而提出建议是你这位专家的职责。如果你对自己的发现没有足够的信心来建议采取相应的行动，为什么观众要做这样的事呢？

蜂蜜产品推广分析：建议

1）有机蜂蜜产品的推广要增加30%
2）取消报纸夹递消费券，改用电子邮件赠送
3）开发一套更完善的促销预测模型
4）调查南方地区大幅滞后的原因
5）进一步测试组合包装的效果

图 118　要提供具体建议

注：本篇出自本书作者的著作《数据分析变革》第 8 章的内容。

提示 119：准备一个宏大的结尾，代入更广泛的应用场景

你已为观众做了一场非常出色的数据驱动演示：你的幻灯片干净、简短、有视觉冲击力；你让观众一次只关注一两条关键信息；你让他们明白你有哪些发现以及这些发现为什么重要；你介绍了你的发现可以带来哪些实质性影响；你甚至提出了令观众兴奋的行动建议。现在该说声谢谢，然后走下舞台了吗？还不行。

听完你提出的行动建议后，观众当下满脑子是那些非常具体的结果。这些结果往往还适用于更宏大的应用场景。比如，公司正在推行一些非常重要的战略措施、有个长期目标需要实现、有个加强客户关系的行动计划。如果能把你的结果代入更广泛的大环境，以此作为演示的结束语，会更加激励观众采取行动。把他们的念头从此时此地拉出来，放到更大的背景下，告诉他们遵从你的建议不仅有助于满足当下的需求，随着时间的推移还能推动更大的战略、实现更大的目标，用一个宏大的结束语为你的演示画上圆满的句号。

借用我们在前面讨论过的蜂蜜分析案例，观众很高兴听到你的行动建议在短期内会对蜂蜜销售带来的潜在影响。也许你们公司有一项战略是发展有机蜂蜜产品，还有一项战略是追求与客户的直接互动，而不是传统的大众营销。提示 118 中的行动建议直接支持这两种策略。无论观众听从了你的建议会获得什么样的短期利益，你还提供了额外的好处，那就是他们要采取的行动与公司长期战略和优先事项完全一致。而助力更高的公司战略和优先事项，是晋升和取得长远成功的绝佳途径，因此观众离开会场后会更有动力采取行动。

图 119 这个例子展示了如何将蜂蜜产品分析与更大的背景联系起来，表明今天的结果除了具备满足当下需求的战术效益，还具有长期的战略重要性。

在结束演示前代入更宏大的应用场景，可以让你的发现有让人惊艳之感。无论你用一张简短的幻灯片来制造最终效果，还是口头表述一下，都是很棒的结束演示的方式。

我们的五年计划近在咫尺

通过采取这些行动,我们将进一步实现增加有机业务和发展直接消费者关系的战略要求。

在提高来年业绩的同时,我们将为完成五年计划奠定基础!

图 119　把结果代入大背景

Afterword 后　记

《如何高效汇报》是一本全面的实操指南，适合每一位希望提高演示效果、提升与观众互动技能的读者阅读与参考。

弗兰克斯在书中介绍了 100 多条切实可行的建议和技巧，包括如何更好地传达见解、如何引人入胜地讲故事以及如何与观众建立联结等。从如何规划一场演示、如何设计框架结构以及故事线，到披露细节怎样才能恰到好处，到最后一定要提供具体的行动建议，本书包罗万象，涵盖了一场演示整个过程中方方面面的问题。

弗兰克斯经验丰富、身份多元，他从事教育、研究以及作为企业首席分析师的丰富背景，令他尤其关注一场演示的制胜关键：将数据转换为图表、数字，最终形成可信的见解。读者将从书中学到如何避免常见的数据表达不到位的问题，学到应该采取什么样的具体做法才能让观众理解、接受演示的内容，即使是一堆极为复杂的数据以及一些极具挑战性的见解。

《如何高效汇报》适合的读者群体非常广泛。对经验丰富的商业领袖、项目经理、研究人员和顾问而言，这是一本复习指导；对步入职场不久的新手，包括专业人士、学者甚至学生而言，这是一本全面的操作指南。它告诉大家，完备的演示准备能将一个扎实的项目塑造成一项颇具影响力、能创造重要价值的成就，同时它提醒大家，即使再出色的想法、再精彩的发现和分析，如果演示前的准备工作不充分或者试图事后补救，效果也会大打折扣，无法创造满意的价值。

弗兰克斯的这本书可以称得上是一本与演示观众建立联结并产生共鸣的实操指南。他的建议切实、中肯，无论是线上还是线下直接面对观众的会议都适用，他用一名经验丰富的从业者视角告诉大家应该如何创造结果而不仅仅是做报告。

拉斯马斯·韦格纳博士
贝恩咨询公司高级合伙人

高效沟通，助力成功

ISBN：978-7-5043-8876-6
定 价：75.00 元

东尼·博赞官方授权正版，全球畅销 50 年
广泛应用于
- 记忆·阅读·学习
- 汇报·制订计划·项目管理
- 创新·展示·激发灵感

ISBN：978-7-5722-8784-8
定 价：59.00 元

沟通决定生活和工作的质量
更好地理解你试图要说服的人，改善人际关系，获得多赢的结果
六个清晰的步骤，提供了一套全面的沟通策略，旨在提升个人生活和职场中的沟通效果

ISBN：978-7-5722-8603-2
定 价：99.00 元

汇集 27 位国际领军的视觉实践者的观点与实践
让绘画成为你更好的思考工具
让深度对话以可视化的形式记录与呈现，在思想的碰撞中得以升华

ISBN：978-7-5722-7032-1
定 价：69.00 元

影响、说服和谈判领域专业的领军者夏皮罗谈判研究所重磅作品
基于数十年研究与经验，
开创四步法金字塔模型
简单易学，快速提升你的沟通与谈判能力